サクッとわかる
ビジネス教養

宗教と世界

オールカラー

島田裕巳 監修
東京女子大学 東京通信大学 講師

新星出版社

宗教の理解なくして

宗教は、国の統治に便利な“手段”である

P26へ

宗教は、人々の“ライフスタイル”である

P28へ

「宗教＝救い」の幻想
今こそ、宗教の理解を

「宗教」と聞いて、みなさんは何を思い浮かべますか？

もし、「宗教＝人々を救うもの」というイメージならば、宗教のごくごく一部しか見ていないといえるでしょう。

世界の実像はつかめない——

宗教は、“経済”と不可分の関係にある

P30へ

宗教は、徐々に“消滅”する運命にある!?

P32へ

紀元前から続く、宗教と人類の歴史をひもとけば、その実態が浮かび上がります。「なぜ、日本で戦後、創価学会が拡大したのか?」「なぜ、宗教に起因する紛争が絶えないのか?」「なぜ、世界で宗教離れが進むのか?」。そうした疑問も、宗教の真の姿を知ることで、解決できます。

グローバル化が進む現代。宗教の〝実像〟の理解は、私たちに欠かせない教養なのです。

はじめに

introduction

政治・経済・文化……宗教は世界観の根本！
宗教の理解なくして現代社会を知ることはできない

世界は宗教を中心に動いてきた――。そのように考えたとしても決して間違ってはいないでしょう。

今、この瞬間、世界中で多くの人たちが神や仏に祈りを捧げています。その数がいったいどれほどのものになるのか、想像もできません。

歴史を振り返ってみても、宗教が果たしてきた役割はとてつもなく大きなものがあります。16世紀にははるばる海をわたってキリスト教の宣教師が日本にやってきたのも、極東の国に教えを伝えるためでした。ピルグリム・ファーザーズがアメリカへわたったのも、信仰の自由を確立するためでした。

宗教によって世界が動いていく。宗教の存在を抜きにして、人間の歴史を考えることはできません。それは、近代化、工業化、そしてＩＴ化が進んだ現代の世界においても同様です。宗教の存在は政治や経済にまで影響を与えています。宗教は世界観の根本に位置するもので、私たちのものの見方を強く規定しますし、ときには行動も規制します。

芸術の分野を見ても、宗教は表現の内容だけではなく、あり方にも影響します。偶像崇拝を強く禁じる宗教が広がった世界では、絵画を描くということにさえ制限が加えられますが、一方で、さまざまな神々が信仰の対象になっている世界では、多様で洗練された宗教美術が発達しています。

宗教を知らないで、果たして世界を理解することはできるのでしょうか。日本では土着の神道もあれば、外来の仏教や儒教、道教、さらにはキリスト教も受け入れられてきました。イスラム教は依然として未知の宗教にとどまってはいますが、世界第2の宗教ですから、私たちはその動向を無視することはできません。

宗教の基盤の上に、さまざまな活動が展開されている。それが、今も変わらない世界のありようです。本書を通して、世界において宗教がいかに重要な働きをしているかを理解できるようになるのではないでしょうか。その理解が進んだとき、世界はこれまでと違ったものとして見えてくるはずです。

東京女子大学 東京通信大学 講師　島田裕巳

サクッとわかる ビジネス教養

宗教と世界

CONTENTS

Chapter 3
ニュースの〝なぜ?〟を解き明かす宗教と現代世界

STAFF

デザイン 鈴木大輔、仲條世菜（ソウルデザイン）
イラスト 玉田紀子
DTP 高八重子
企画 千葉慶博（KWC）
編集 田中仰

世界宗教MAP

キリスト教に迫るイスラム教

イスラム教が広がった地域は人口が増加傾向にあるため、信者数も増加。一方、先進国では宗教離れが進む。

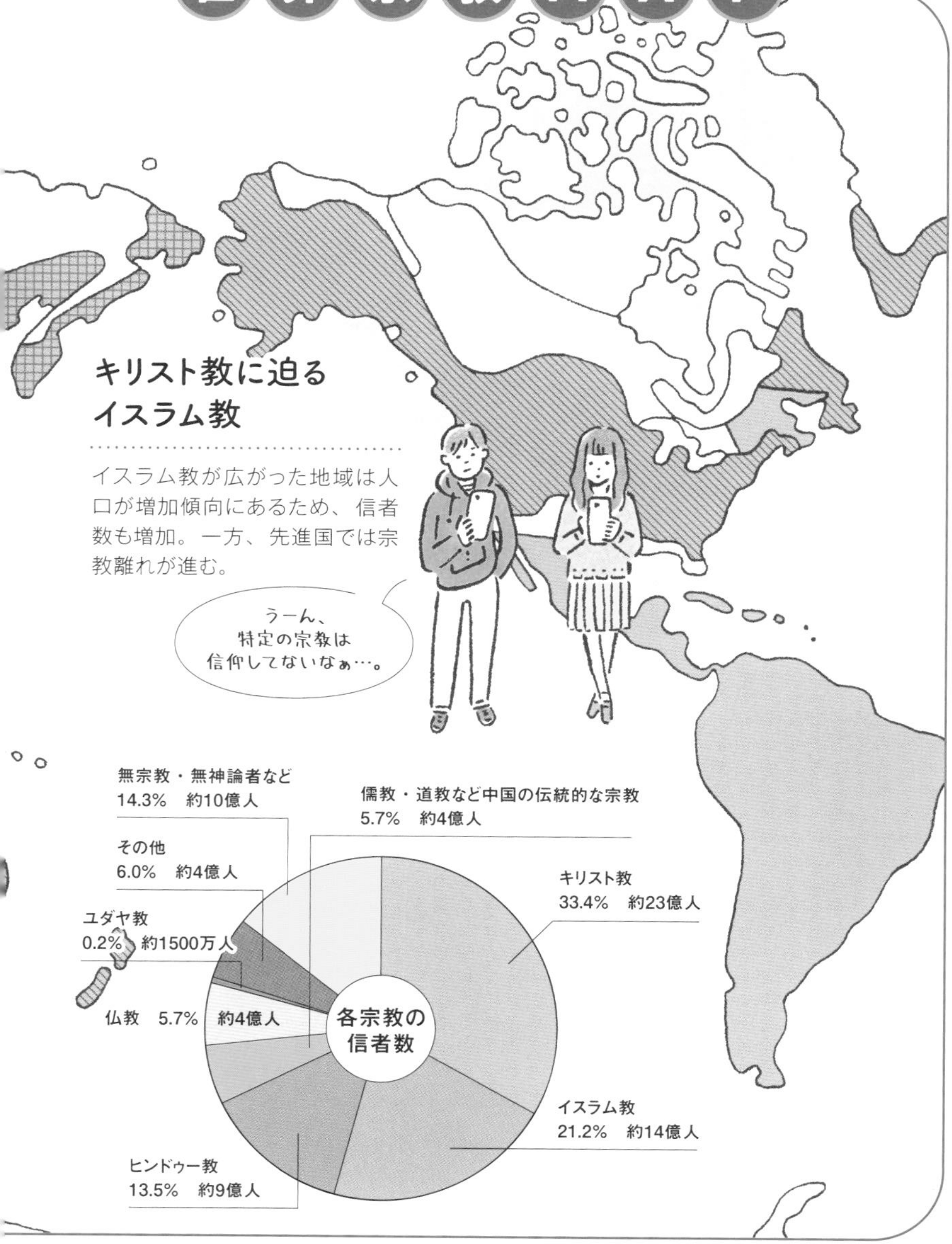

『ブリタニカ国際年鑑2009』より

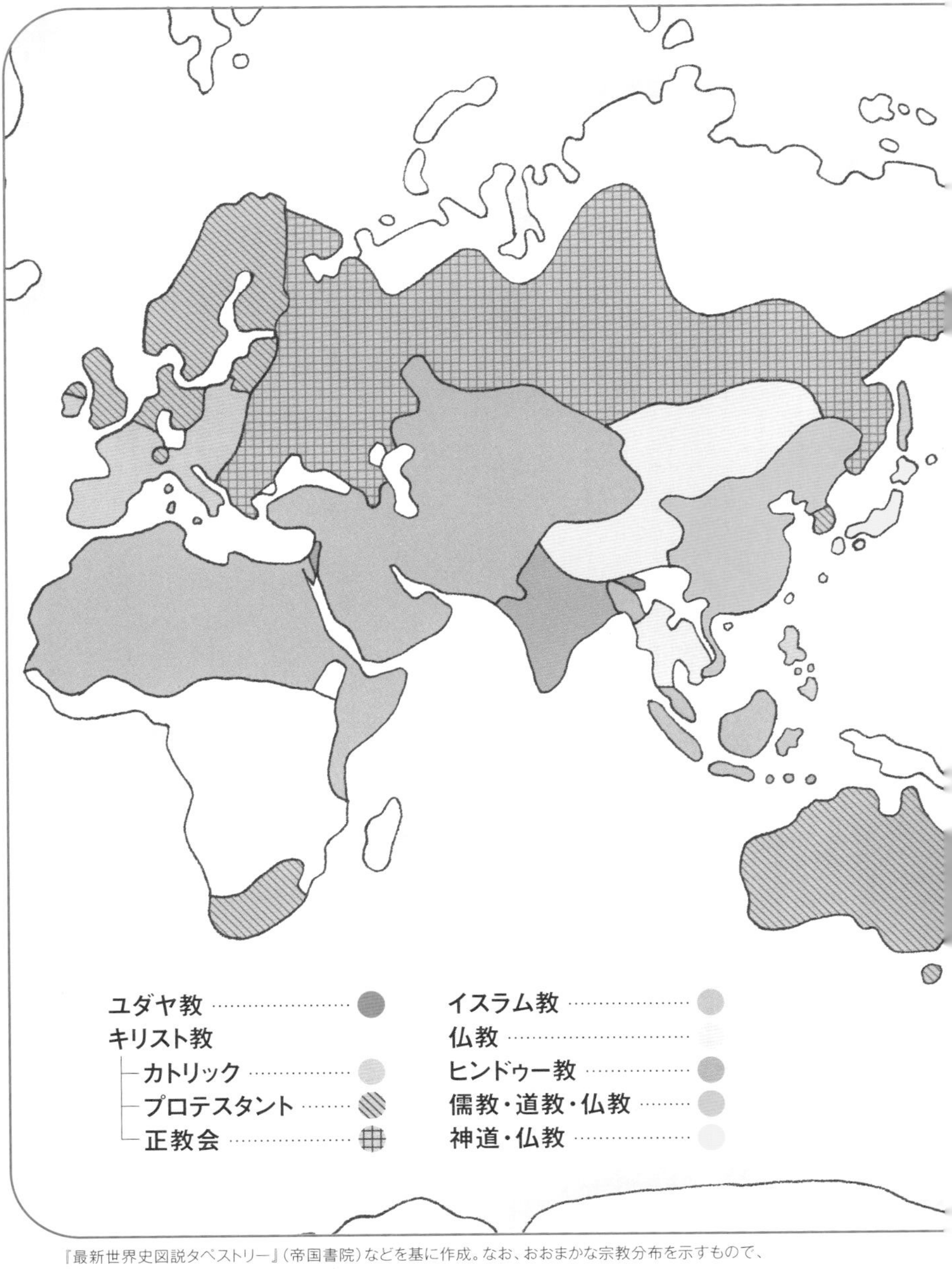

『最新世界史図説タペストリー』（帝国書院）などを基に作成。なお、おおまかな宗教分布を示すもので、実際には各地域にさまざまな宗教が混在している。

5大宗教クロニクル

本書で紹介する5大宗教の誕生から現代に至る大まかな歴史を紹介。各トピックの詳細は参照ページへGO。

紀元前 → 0年

ユダヤ教

BC13世紀、モーセの出エジプト→シナイ山で十戒を授かる

P38へ

BC6世紀、ユダ王国が征服され、バビロン捕囚はじまる

BC1世紀、ローマ帝国との独立戦争に敗れる

P41へ

1世紀頃、聖典『タナハ』成立

P42へ

キリスト教

BC4年頃、イエス誕生

30年頃、イエスが十字架刑に処される

P48へ

1世紀頃、イエスの弟子たちによる布教

イスラム教

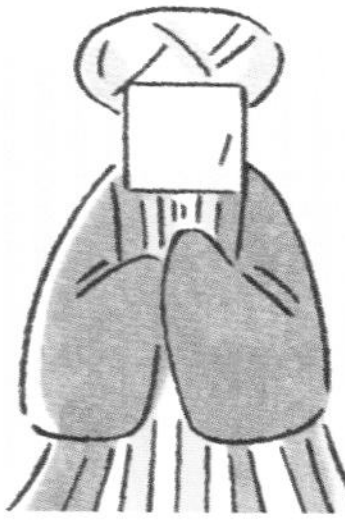

仏教

BC6世紀頃、ゴータマ・シッダールタ（ブッダ）の誕生と入滅

P92・94へ

BC3世紀頃、仏教がインドに広がる

BC3世紀頃、上座部と大衆部に分裂

0年頃、大乗仏教や上座部仏教が、アジアに広がる

P98へ

ヒンドゥー教

BC10世紀頃、インドに侵入したアーリア人によってバラモン教が成立

P88へ

0年頃、バラモン教から今日につながるヒンドゥー教が徐々に形成

P106・108へ

5世紀頃、第二の聖典『タルムード』成立
P42へ

313年、ローマ帝国でキリスト教を公認
392年、ローマ帝国の国教に
P54へ

381年、三位一体論採択
P56へ

397年、『聖書』が現在の形に
P51へ

1054年、ローマ教皇と総主教の相互破門によって、東西教会が分裂。
西→カトリック
東→正教会
P55へ

570年頃、ムハンマド誕生。その後、最初の啓示を受ける

622年、ムハンマドがメッカからメディナに移住

632年、ムハンマド死去
P70へ

650年頃、正統カリフ時代に、聖典『コーラン』成立
P72へ

661年、ウマイヤ朝成立。以降、カリフの座をめぐって、シーア派が分派
P80へ

15世紀頃から、オスマン帝国の台頭
P82へ

2世紀頃、仏像彫刻がはじまる
P102へ

7世紀頃、密教（中期密教）成立。最澄（天台宗）、空海（真言宗）により日本に伝わる
P100へ

仏教はヒンドゥー教と習合し、徐々に衰える

8世紀頃から、ムスリム商人によって、イスラム教がインドに伝来

15 世紀 ← 21 世紀

ユダヤ教

第二次世界大戦中、ナチスによるホロコーストはじまる

1948年、イスラエル独立宣言

1948年、中東戦争はじまる（全4回）

P86へ

キリスト教

1274年、7つの秘跡採択

P58へ

1517年、宗教改革はじまる
↓プロテスタント誕生

P62へ

16～18世紀、ピューリタン革命、フランス革命、アメリカ独立戦争など、戦争・革命が多発

P64へ

2013年、南米出身者として初の教皇・フランシスコ就任

イスラム教

1920年代、アラブ諸国が独立

1948年、中東戦争はじまる（全4回）

P86へ

1979年、イラン革命勃発

2001年、アメリカ同時多発テロ発生

仏教

11世紀頃から、日本で浄土宗や浄土真宗など、鎌倉新仏教誕生

P152へ

日本で江戸時代、檀家制度はじまる

P154へ

戦後、中国でチベット自治区（チベット仏教）への弾圧がはじまる

P165へ

ヒンドゥー教

16世紀、イスラム王朝・ムガル帝国成立。イスラム教とヒンドゥー教の発展的統合を目指したシク教が誕生する

1600年、イギリスが東インド会社設立

P110へ

1947年、インド・パキスタン分離独立。翌年、ガンディーが暗殺される

Chapter 1

宗教を理解するための 5つの焦点

5大宗教の実像を検証する前に、宗教の基本的な概念・考え方を紹介します。宗教の誕生過程や、西洋と東洋における宗教観の違い、社会生活との関わりを知ることで、スムーズに理解が進むでしょう。

01 宗教の歴史

宗教のはじまり――人はなぜ、神を信じるようになったのか？

宗教の誕生過程

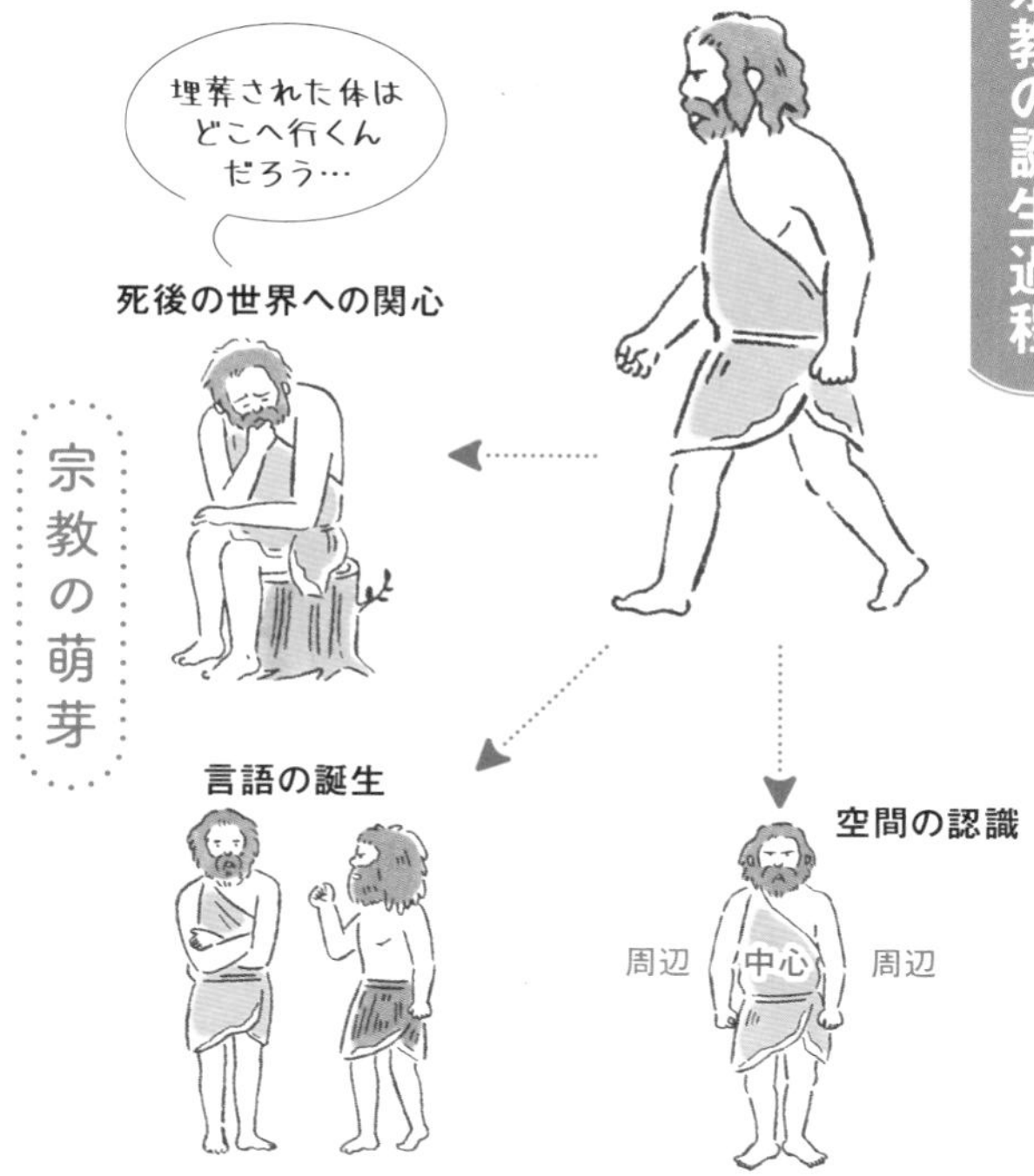

二足歩行&言語が宗教を誕生させた!?

洞窟壁画、ピラミッド、古墳時代の埴輪――。「宗教信仰の起源」といえば、多くの人はこれらの名前を思い浮かべるのではないでしょうか？

しかし、洞窟壁画などは、あまりに時代が古く、明確な起源を教えてくれません。つまり、**宗教の起源に対する明確な答えは見つかっていない**のです。

ただ、「宗教誕生に影響を与

洞窟壁画とは… 約2万年前に描かれたとされる野牛や馬などの絵。アルタミラ洞窟、ラスコー洞窟が有名。

家畜を支配する側と支配される側の関係性に想起。自分たちの支配主に想いを馳せた!?

農業は天候や自然災害の影響を受ける。そのなかで、気候を左右する“主”の存在を感じるようになった。

宗教は集団が同じ対象を信仰することから生まれる。農耕や牧畜、人間の死を通して、土着の信仰が形成されていった。

えたもの」について推測はできます。最近の研究では、約700万年前に、人類は二足歩行をはじめたといわれています。そして、身体・脳の進化によって「言語」が生まれ、過去や未来、死といった〝見えないもの〟を表現できるようになりました。

その後、人類は効率的に食物を獲得すべく、集団生活をはじめます。その際、「天気は誰が司っているのか」「誰が自分たちを支配しているのか」といった疑問が生じたと考えられます。こうした過程で、**ある時期から集団で祭儀などをするようになった**——これが、今考えられる宗教誕生のプロセスです。

ピラミッドとは… エジプトや中南米などで見られる巨石建造物。その地の王や有力者の墓として建築された説が有力だが、建設方法などに関する謎は多い。

同時多発的に宗教・思想が深化した〝枢軸時代〟

それは、BC500年頃に起こった…

中国

春秋戦国時代を迎え、各地の諸侯が富国強兵のために新しい思想家を求めた。そのなかで、孔子（→P162）や老子（→P163）、孫子など、諸子百家が活躍。

インド

仏教やヒンドゥー教に影響を与えたウパニシャッド（→P88）哲学誕生。ブッダによる仏教、マハーヴィーラによるジャイナ教（→P104）が成立した。

超重要人物が続々登場！

BC500年頃、人類に大きな転換期が到来。**世界で同時多発的に、社会の基盤となる思想が生まれたのです。**

中国では、孔子（儒教の開祖）や老子（道教の開祖）などの諸子百家が活躍。インドではウパニシャッド哲学やゴータマ・シッダールタ（ブッダ：仏教の開祖）が生まれ、イランではザラシュトラ（ゾロアスター教の開祖）

諸子百家とは…
「諸子」は孔子や老子、孫子などの人物、「百家」は儒家、道家、兵家などの学派を指す。

ソクラテス

ギリシャ

絶対的真理の存在を説いたソクラテス、その弟子で「イデア論」で知られるプラトン、「万学の祖」と称されるアリストテレスの“三大哲学者”が活躍。

イラン

ザラシュトラによって、ゾロアスター教が誕生。「天地創造」「最後の審判」といった思想の源流とされ、一神教に多大な影響を与えた。

パレスチナ

ユダヤ教で三大預言者に挙げられるイザヤ、エレミヤが登場。その後の一神教の伝統においても重要視される。

が独自の世界観を築きます。

一方、パレスチナでは、一神教で重要視されるイザヤ、エレミヤなどの預言者が登場。ギリシャでも、ソクラテスやプラトンといった哲学者が一世を風靡しました。

ドイツの近代哲学者、カール・ヤスパースは、**諸宗教と西洋哲学が深化したこの時代を、「枢軸時代」と命名。**

集団生活で衣食住を確保した人類が、次の段階として、精神的な覚醒を手に入れた時代と指摘しました。

人類誕生以降、数万年にわたって続いた時代の大きな転換期となったのです。

預言者とは…　主に一神教世界において、神のメッセージを人間に伝える人。イエスやムハンマドなどが含まれ、宗教によって尊重される預言者は異なる。

01
宗教の歴史

宗教発展の分かれ道!? "拡大"の世界宗教と"連帯"の民族宗教

世界宗教の考え方

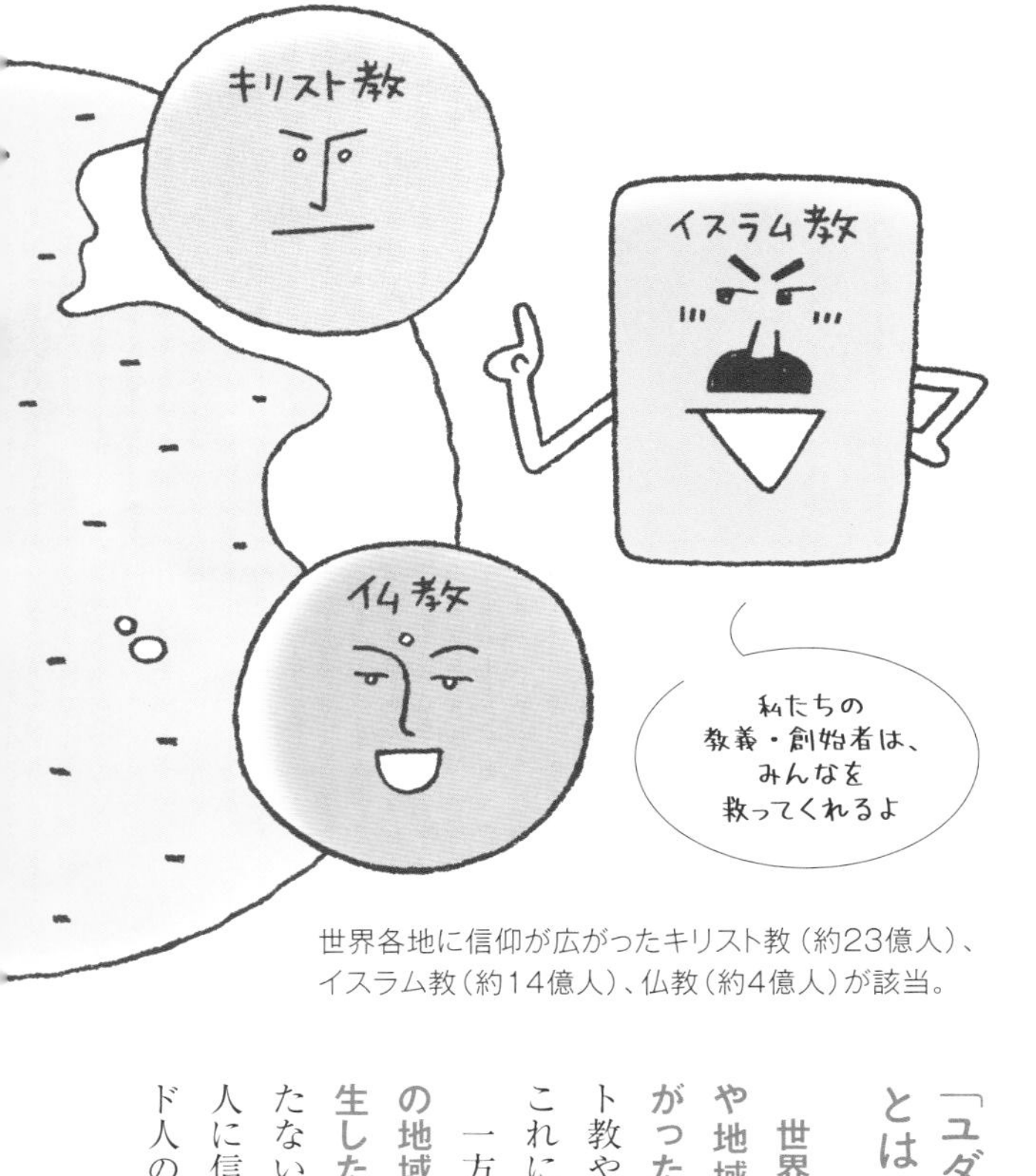

世界各地に信仰が広がったキリスト教（約23億人）、イスラム教（約14億人）、仏教（約4億人）が該当。

「ユダヤ教＝ユダヤ人」とは言い切れない

世界宗教は、開祖をもち、国や地域、人種などを超えて広がった宗教を指します。キリスト教やイスラム教、仏教などがこれに該当します。

一方、民族宗教は、それぞれの地域で民族の成立とともに誕生した宗教で、特定の開祖をもたないことが特徴です。ユダヤ人に信仰されるユダヤ教、インド人のヒンドゥー教、日本人の

民族宗教の考え方

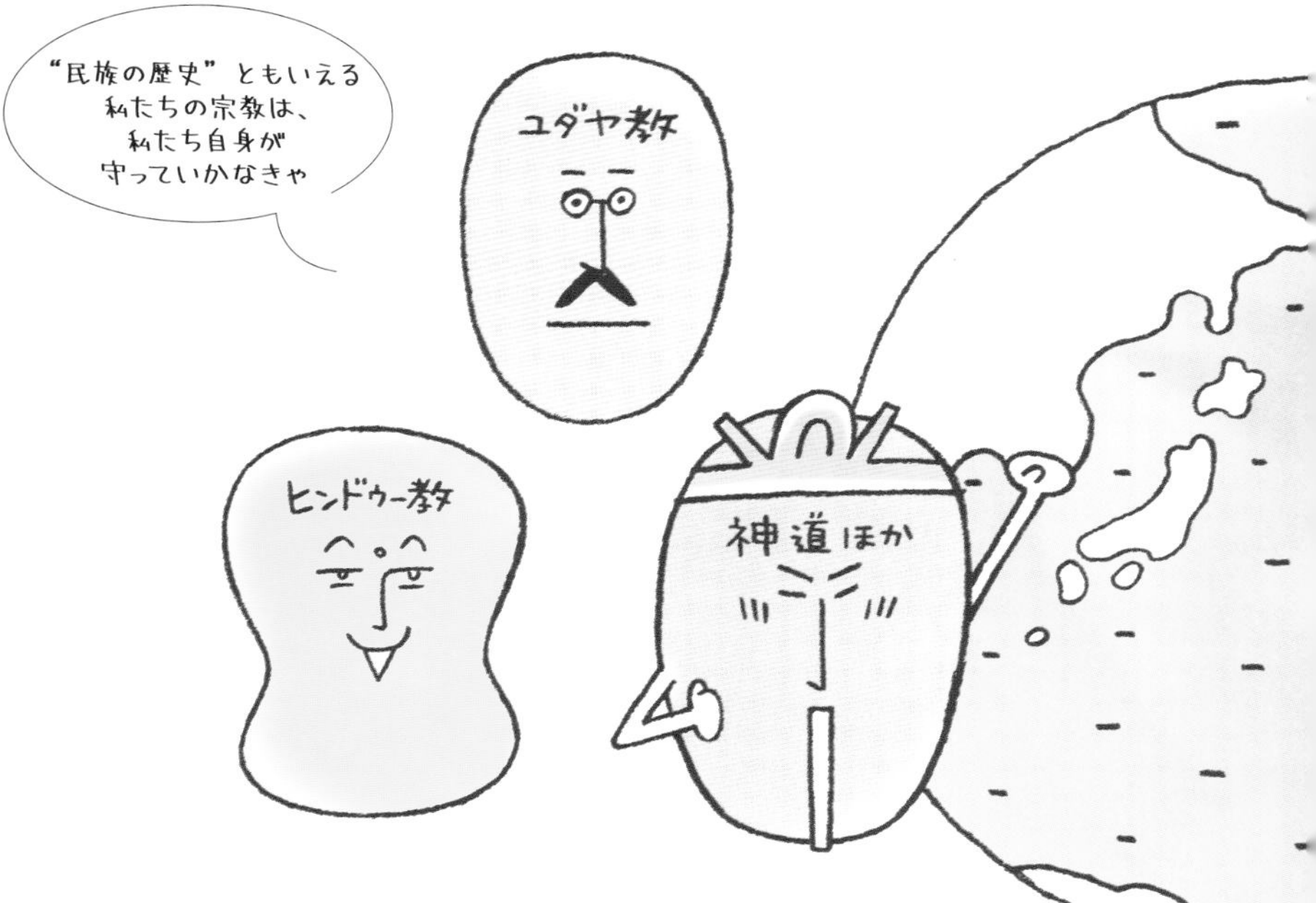

主にユダヤ人が信仰するユダヤ教（約1500万人）、インド人の約8割が信仰するヒンドゥー教（約9億人）が該当。

神道などがこれにあたります。

しかし、宗教を厳密に区別するのは難しい側面も。たとえば、ユダヤ教は民族宗教の代表に挙げられますが、すべてのユダヤ人がユダヤ教を信仰しているわけではありません。

さらに、ユダヤ教に改宗した非ユダヤ人もいます。同様に、ヒンドゥー教も、多くのインド人が信仰する一方で、インド人以外も入信が認められます。

このように明確な区別は難しいものの、**普遍的な教義をもち世界的な信者拡大を目指す宗教が世界宗教、同一民族の連帯感を大切にする宗教が民族宗教**ということはできるでしょう。

02

多神教と一神教

日本の信仰は多神教!? 一神教と多神教のあいまいな関係

一神教と多神教の関係

- 絶対的な唯一神を信仰
- キリスト教やユダヤ教、イスラム教など
- 米、欧州、中東中心

実態は…

多神教的側面もあり

キリスト教の聖遺物崇敬

キリスト教は一神教。しかし、キリスト教の信仰を守るために死（殉教）を選んだ聖人や、聖人の遺物に対する崇敬も盛ん。

初詣の際、日本人は個別の神を意識する？

世界宗教&民族宗教のほかに、信仰対象の神を〝唯一神〟ととらえる「一神教」、複数の神々を信仰する「多神教」に分類されることもあります。

一神教の代表例が、ユダヤ教、キリスト教、イスラム教です。いずれもセム語世界が起源のため、セム的一神教といわれることもあります。

一方、多神教では、「八百万の

セム語とは… 西アジアやアラビア半島などの民族が用いる言語の総称。アラビア語やヘブライ語などが含まれる。

- 複数の神を信仰
- 仏教や神道、ヒンドゥー教など
- アジア圏中心

実態は…

一神教的側面もあり

日本の八百万信仰

神道は八百万の神が信仰の対象。しかし、初詣などの際に、訪れた神社に祀られている神を明確に意識するケースは少ない。

神」を祀る神道、シヴァなどの三大神を信仰するヒンドゥー教など、複数の神々が信仰の対象です。こうした背景から、多神教世界に生きる日本人は、一神教＝排他的、多神教＝寛容というイメージをもちがちです。

しかし、**信仰の実態を見ると、一神教、多神教の区別があいまい**です。たとえば神社に参拝する際、漠然と「そこに祀られている神」を対象に参拝することが多いでしょう。一方、キリスト教も多神教的な側面をもちます。

こうした一神教×多神教の対比よりも、次頁で紹介する「神」×「空・無」のほうが宗教の理解を助けるでしょう。

聖人とは…　カトリックで、殉教もしくは敬虔な生涯を送ったことから、崇敬を受ける人物。聖人の遺品や遺骨が信仰対象になることも。

02
多神教と一神教

西洋と東洋は一神教VS多神教でなく「神」VS「無」ととらえよ

西洋宗教　―キリスト教の場合―

絶対的なもの

神

どうすれば救われるのか?

人智を超えた「神」という存在がある。だからこそ、自分の力ではなく、キリスト教に帰依することで救われる。

世界は絶対的な神によって創造された

↓

イエスを救世主として信仰すれば、世界の終わりの審判を経て天国に行ける

キリスト教と仏教に見る宗教観の違い

キリスト教の神は、英語で〝God〟のほかに、〝the Creator〟と呼ばれる通り、この世の創造主。世界や人間をつくったのが神ならば、世界を終わらせるのも神だとされます。そこで、**人類を守ってくれる救世主、イエスを信じれば、この世が終わる際に救われるというのが、キリスト教の考え方です。**

一方、仏教は「世界を創造し

東洋宗教　―仏教の場合―

絶対的なもの

空・無

どうすれば救われるのか?

世界には始まりも、終わりもない。すべての人に悟りの道は開かれ、世界の真理を理解するために修行をする。

VS

絶対的な存在はなく、世界は「因果」の繰り返しで構成される

「因果」の道理に従い、正しい行いを実践すれば誰もがブッダになれる

た神はおらず、この世の究極的な原理は空・無である」というスタンス。つまり、世界の現象は、空や無を前提に、因果の道理にしたがって起きるととらえます。にもかかわらず、「長生きすること」などに執着するから、苦しみが生まれる――。この**真理を理解すれば、仏（ブッダ）になれるというのが、基本的な仏教の教え**です。

　仏教世界で生きる人々は、絶対的な神がいないからこそ、人間は自由で、精神を豊かにできると考えるわけです。

　この違いは、東洋・西洋宗教を理解する上で欠かせない要素といえます。

因果とは…　「因果応報（因に応じて果が報う）」というように、原因に応じた結果が現れるという、仏教の考え方。

03

社会的規範と聖地

宗教と政治の〝バランス〟で国の形が変わる

世俗国家と宗教国家のポイント

宗教国家

政治と宗教が一体化（政教一致）し、宗教権力が世俗世界にも及ぶ国家。中世のヨーロッパや現代のイスラム諸国、広義にはイギリスなども該当する。

ローマ帝国が宗教を国の統治に〝利用〟

宗教が民衆に広がるにつれて、統治者たちは宗教の力を無視できなくなります。それが顕著に表れた例がローマ帝国です。

当初、ローマ帝国の皇帝たちは、皇帝崇拝を拒むキリスト教徒を迫害する傾向にありました。しかし、教徒の数は増え続け、度重なる皇帝交代などによってローマ帝国の国力も弱体化。そこで、**ローマ皇帝は国の統治に**

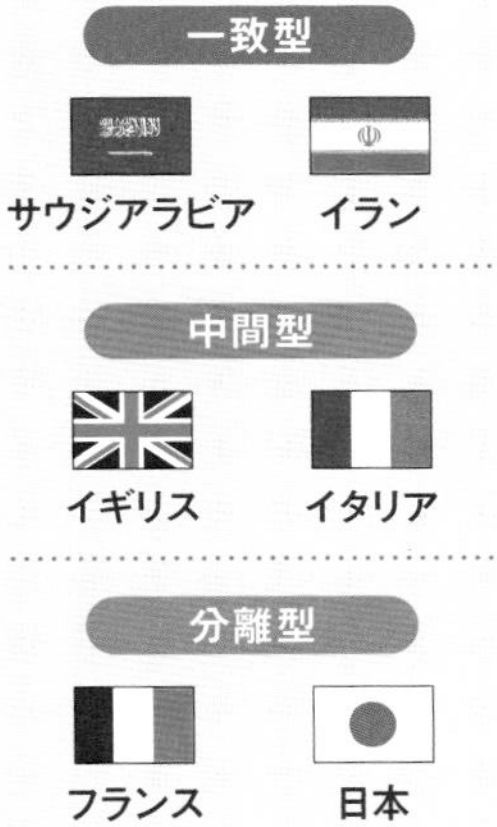

厳格に政教が分離した分離型や、合体した一致型のほかに、信教の自由を保障する一方、イギリスにおけるイギリス国教会（首長をイギリスの国王が務める）、イタリアにおけるカトリックなど、教育現場などで特定の宗教を優先する中間型もある。

政治と宗教が分離した世俗主義（政教分離）の国家。国民に信教の自由を保障し、宗教の強制を禁止する。フランスや日本が代表例。

キリスト教を〝利用〟します。３１３年、キリスト教が公認され、のちに国教として認められました。

また、ローマ帝国には、世俗社会を律するルール・ローマ法がありました。キリスト教（カトリック）は、〝出家〟のシステムがあるように、聖なる世界と俗なる世界を区別する宗教。つまり、**ローマ帝国としては、世俗の世界に干渉しないキリスト教は都合がよかった**わけです。

こうした聖俗の考え方は、現代の国家統治にも受け継がれています。宗教分離を徹底する国を世俗国家、宗教が国教に定められた国を宗教国家といいます。

出家とは… 主に仏教で、世俗生活を捨てて、寺で修行に没頭すること。広義ではカトリック教徒が修道士・修道女になり、禁欲的な生活を送ることも含まれる。

03

社会的規範と聖地

聖地、礼拝、規範、食事……生活に根づいた宗教の形

世界の主な「聖地」

創始者や聖人のゆかりの地

仏教の開祖、ブッダが悟りを開いたブッダガヤ（インド）や、初代ローマ教皇の聖ペテロが葬られたサン・ピエトロ大聖堂（バチカン市国）など。

ブッダガヤ

ルルドの教会

奇跡の発生地

聖母マリアが現れたルルド（フランス）や、イエス・キリストが水をぶどう酒に変える奇跡を起こしたガリラヤ湖（イスラエル）など。

「教え」を実践する地

イスラム教徒が一生に一度は巡礼しなければならないカアバ神殿（サウジアラビア）や、ユダヤ教のシンボル、嘆きの壁など。

カアバ神殿

日本人も無意識に宗教的実践をしている

誕生以降、長く受け継がれてきた宗教。教義に沿った行いや信仰の実践は、現代人の生活にも根づいています。一般に〝無宗教〟といわれる日本人も、初詣に行ったり、仏教式の葬式をしたりと無意識であれ、宗教的な生活を送っています。

　こうした信仰実践の最たる例に、聖地巡礼が挙げられます。聖地とは、信仰または伝承に

「戒律」を守る＝宗教の“実践”

食事

菜食主義者が多いヒンドゥー教や、豚肉やアルコールを禁じるイスラム教など、宗教による食事規定。

宗教的実践

社会

アメリカは、キリスト教徒が人口の約8割にのぼるが、保守派（福音派）を中心とした人工妊娠中絶反対派と、女性の権利を訴える賛成派で二分。

文化・習慣

女性がスカーフで髪を隠すイスラム教や、金曜日の日没から土曜日の日没まで労働を禁じるユダヤ教など、規定された服装・習慣。

よって特別視される場所のこと。ユダヤ教における「嘆きの壁」（エルサレム）のように、宗教ごとに聖地があります。聖地の種類は、宗教の創始者や聖人といった重要人物ゆかりの地、「奇跡」体験など特筆すべき事件が発生した地、あるいは、教義として「教え」を実践する地に分類できるでしょう。

また、**宗教ごとの戒律・ルールに従うことも宗教的実践**です。宗教によっては食事や習慣が厳格に規定されるケースもあります。

一方で、異なる教義や宗教観の衝突が、社会問題に発展することも珍しくありません。

ルルドとは… 1858年に聖母マリアが出現した地として知られる。大聖堂にある「ルルドの泉」の湧き水が、不治の病を癒やす力をもつとされる。

04 宗教とお金

どうマネタイズしている？ 宗教と経済の不可分な関係

宗教のマネタイズ

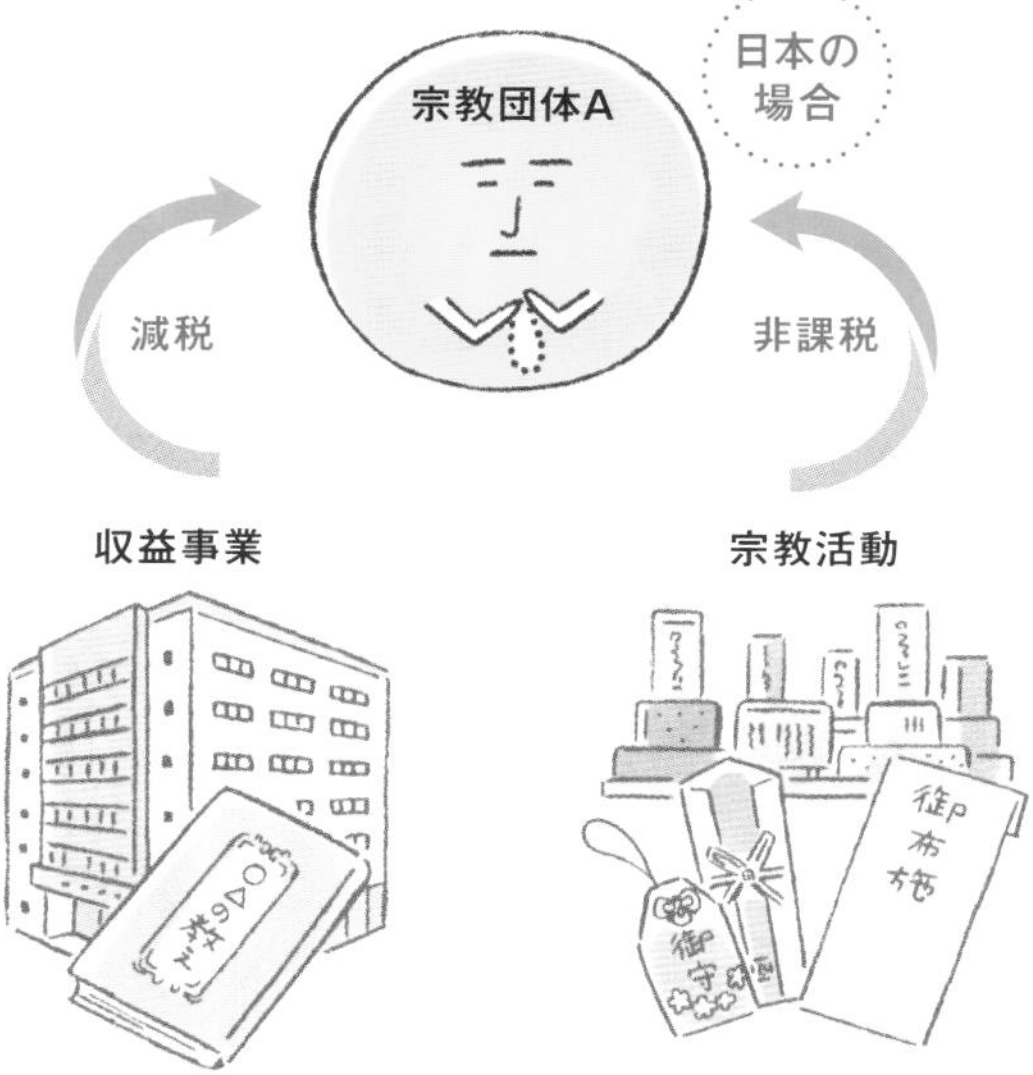

物品販売や不動産経営、出版事業などが該当。都市では寺周辺の土地を貸している例が多い。こうした収益事業にかかる法人税率は低く設定。

信者からのお布施や寄付は非課税。そのため、信者が多ければ多いほど、経営は安定する。お守りの販売、墓地の貸し付けなども非課税。

宗教は経済発展とともに拡大する

宗教が無視できない問題。それが経済です。そもそも、宗教はどのようにお金を集めているのでしょうか。

ドイツなどでは、キリスト教の教会経費を賄うための教会税がありますが、日本にはありません。その分、**宗教法人が行う事業は、非課税（宗教活動）もしくは減税（収益事業）という税の優遇が受けられます。**

宗教は経済成長とともに広がる

たとえば、おみくじや墓地の販売は非課税、機関誌の発行や不動産事業は減税になります。

こうした経済と宗教は密接な関係があります。国が経済成長を遂げると、国民はよりよい仕事を求めて都市に移り住みます。しかし、経済発展は、格差拡大につながりやすい。さらに、地方のコミュニティ社会から都市に来たことで、孤独を感じる人も多いでしょう。そこで宗教の登場です。宗教の信仰によって孤独を忘れられた人には、その後、「悩んでいる人をもっと救いたい」という思いが生じます。**戦後の日本における新宗教、昨今のブラジルをはじめ中南米におけるプロテスタントの広がりも、これで説明できます。**

しかし、経済成長を遂げれば、宗教の役割は減ります。近年、ヨーロッパのキリスト教や日本の新宗教で衰退が指摘されていますが、その背景にはこうした経済の問題が関係しているのです。

教会税とは… 国家の承認のもと、キリスト教教会が教会員に課す税金。所得税の8〜10%が課されるドイツなどで取り入れられている。

05
宗教の世俗化

いずれは世俗化していく!? 宗教のライフサイクル

いずれ宗教は消滅する!?

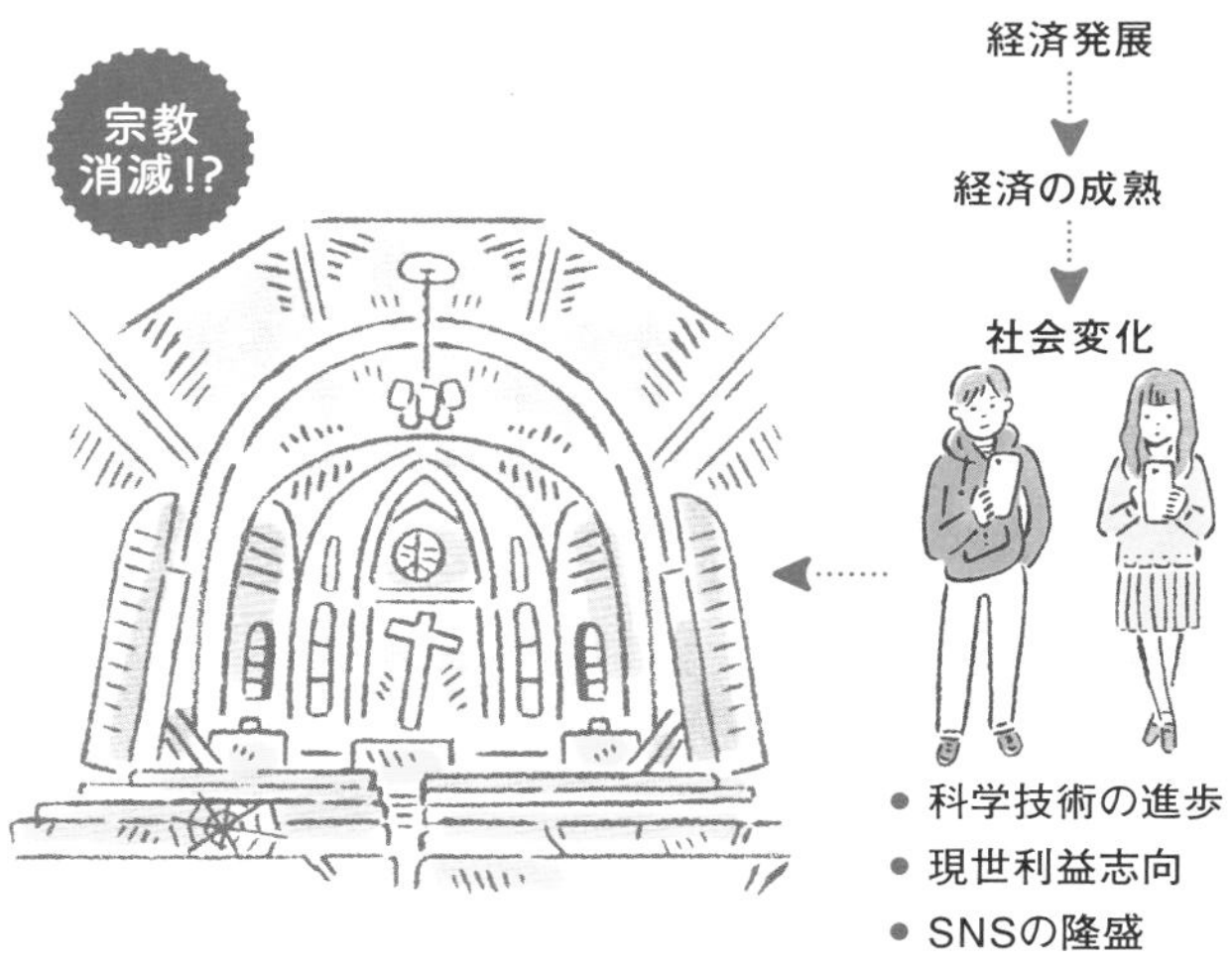

拡大するイスラム教もゆくゆくは消滅する!?

近年、イスラム教やプロテスタント（福音派）が拡大傾向にあります。しかし、この傾向は続かないでしょう。経済が成熟期を迎えて以降、宗教離れが進行した日本のように、**宗教の影響力は弱まっていく（世俗化）ことが予想**されます。イスラム教や福音派も同様です。実際、イスラム国家で経済成長が続くイランでも、欧米流のファッションを好み、政府の制限をかいくぐってＳＮＳを利用する人が多いといいます。経済が成熟した段階で、宗教の求心力が弱まり、徐々に消滅していく……。多くの宗教が歩むライフサイクルといえるでしょう。

世俗化とは…　社会や日常生活を規定していた宗教の力が薄れ、世俗的な形態に変化していく社会のプロセス。

Chapter 2

比べてわかる

5大宗教の全貌

「西洋宗教」（ユダヤ教・キリスト教・イスラム教）と
「東洋宗教」（仏教・ヒンドゥー教）に分けて、
5大宗教の全貌をひもといていきます。
誕生から現在に至る過程まで、
各宗教の教義・実態を探ります。

神”を信じる一神教

西洋宗教の「神」と「救済」の関係

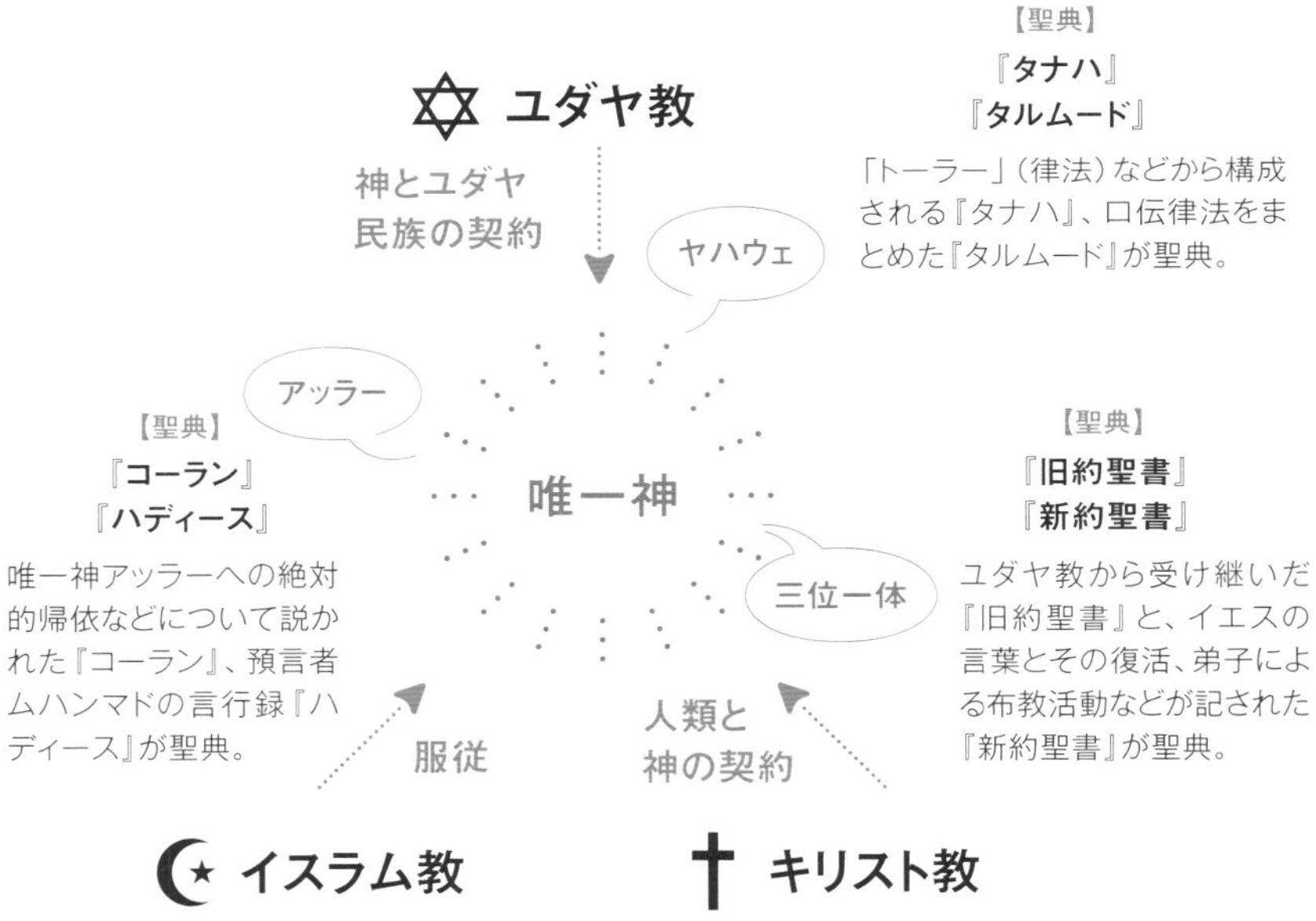

共通点が多い“兄弟宗教”

一般に、西洋は一神教世界といわれます。BC13世紀頃、**ヘブライ人（ユダヤ人）が唯一神を信仰するユダヤ教を成立**させました。その後、枝分かれする形でキリスト教、イスラム教が誕生。

このような背景をもつため、神と契約したユダヤ民族のみが救われるとするユダヤ教、神を信仰す

口伝律法とは… 律法学者などによるタナハ（→P42）の解釈が口伝で伝わったもの。対してトーラー（モーセ五書）を成文律法という。

西洋宗教 呼び名は違えど“共通の

西洋宗教の死生観　天国と地獄

死　イスラム教

殉教者	ジハード（聖戦）の殉教者は、天国行きが約束されている。
イスラム教徒	現世での善行、悪行は記録され、墓の中で終末の日を待つ。
非イスラム教徒	墓の中で罰を受けながら終末の日を待つ。

↓

終末の日

ある日突然、天地が崩壊し、死者は生前と同じ姿で復活する。

↓

最後の審判

↓

天国 or 地獄

死　キリスト教

キリスト教徒	極上の喜びが得られる天国へ。
洗礼前の幼児など	天国と地獄の中間に位置する辺獄（リンボ）へ。
軽い罪を犯した人	天国に行くために罪を清める地・煉獄へ。
非キリスト教徒	苦しみを味わう地獄へ。千年王国にも行けず、最後の審判を待つ。

↓

千年王国

イエスが復活し、キリスト教徒が1000年間幸福に暮らせる王国が築かれる。

↓

最後の審判

↓

天国 or 地獄

ればを万人が救われるとするキリスト教といった違いはあるものの、三宗教には多くの共通点があります。

たとえば、**三宗教は同一の神を信仰しています**。神によって天地が創造され、死後、最後の審判で天国もしくは地獄行きが決まるという死生観も共通です。

また、三宗教は迫害された歴史をもつため、殉教者に対する崇敬があります。

殉教とは…　信仰を貫くために命を失うこと。迫害の歴史をもつ一神教には、信仰のために亡くなった殉教者に対する崇敬がある。

ユダヤ教

“律法重視”の ユダヤ教✡

Key 1

モーセの出エジプト

P38

Key 2

バビロン捕囚によって亡国

ローマ帝国との独立戦争で敗北

P40

BC 1250年

神殿破壊

モーセ

カナンとは…

パレスチナ地方の古代の呼び名。神がユダヤ人の祖先アブラハムに与えた「約束の地」とされる。

迫害・離散の歴史をもつユダヤ教。厳しい状況下で民族の一体感を保つために、厳格な律法が生まれました。戦後、念願のイスラエル国が建設されますが、他教との対立が続いています。

スティーブン・スピルバーグ

アウシュビッツ強制収容所

Key 3

度重なる迫害

P42

Focus!

念願のイスラエル建国

P86

1948年

嘆きの壁

ダビデの星

シオニズムとは… 19世紀末のヨーロッパで興ったユダヤ人による国家建設運動。シオン（エルサレム、パレスチナ）においてユダヤ人の祖国建設を目指した。

Key 1

ユダヤ教

〝約束の地〟を目指して――出エジプトでモーセが十戒を授かる

敵兵から逃げる一行に奇跡が……

パレスチナからエジプトに移住したヘブライ人(ユダヤ人)は、現地の王ファラオから迫害を受けていました。しかし、BC13世紀頃、神の啓示を受けたモーセに率いられて、エジプトから〝約束の地〟カナンを目指して脱出。エジプト兵に追われるものの、モーセが杖を振り上げると海が真っ二つに。一行は出現した道を使って逃げますが、

モーセの出エジプトとは?

出エジプトの道中は多くの苦難に直面。モーセは一歩手前のネボ山で死去するも、一行は無事カナンに到着。

モーセの奇跡

モーセの奇跡とは… ファラオの差し向けた軍からの逃亡中にモーセが起こした、海が割れて道ができた奇跡。

海がもとに戻り、エジプト兵が海底に沈んだことで、無事脱出に成功しました。

道中、**モーセはシナイ山（現エジプト領内）に登り、そこで神ヤハウェとの契約「十戒」が刻まれた石板を授かります。**その後、約40年の放浪を続けますが、モーセはカナンの地にたどり着く前に死去。こうした理由から、モーセはユダヤ教で最も重要な預言者の一人とされます。

十戒には、神をヤハウェ以外に認めないこと、偶像崇拝を禁止することなどが記されており、キリスト教、イスラム教に続く一神教の根本が成立しました。

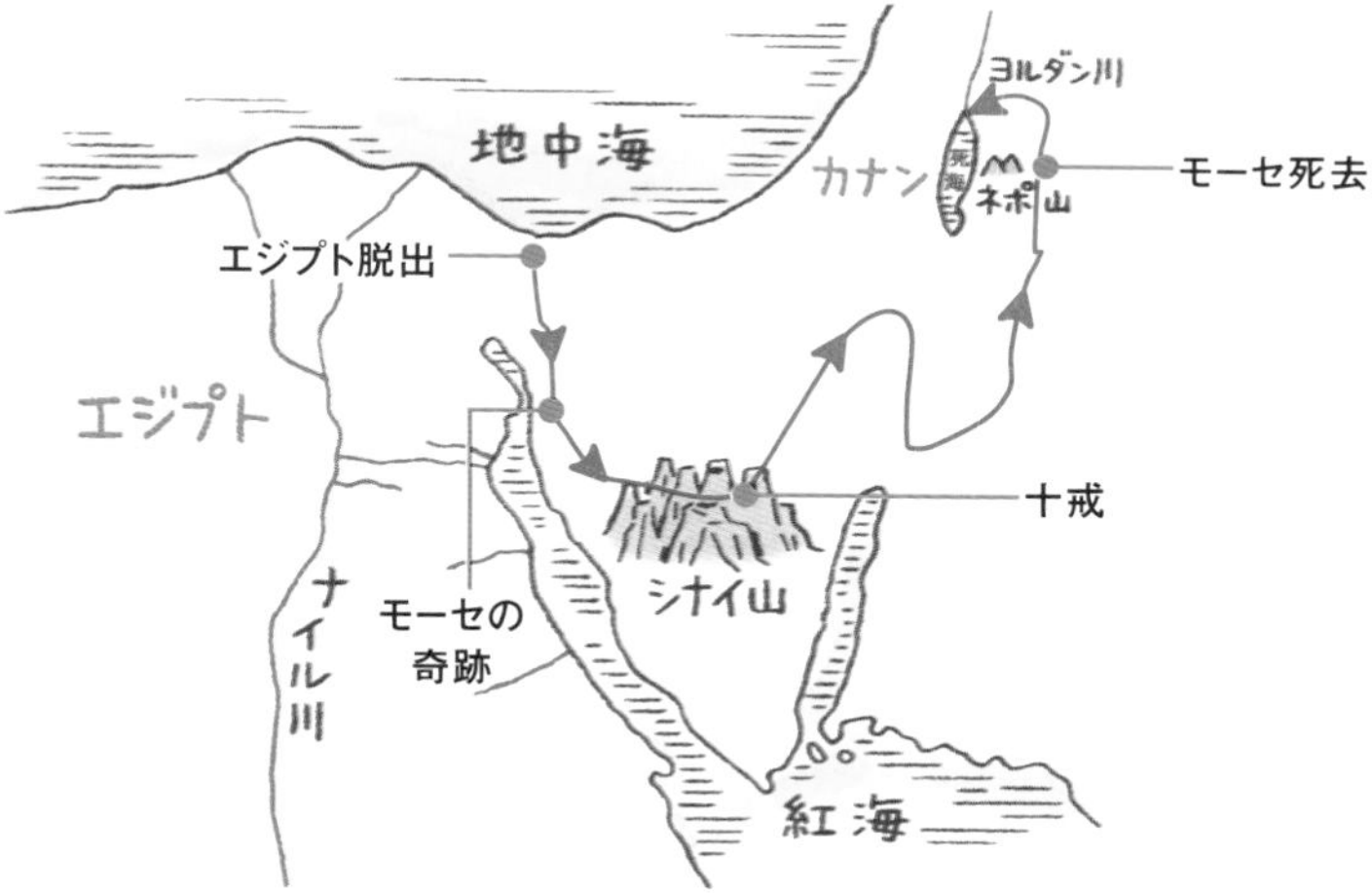

モーセがシナイ山で授かった十戒

1. 私はあなたたちの神だ。私以外を神として崇めてはならない。
2. 偶像崇拝を禁止する。
3. 神の名前をみだりに口にしてはならない。
4. 6日働いたら7日目は祈りのために休むこと。
5. 両親、そして祖先を敬え。
6. 殺人を犯してはならない。
7. 姦淫してはならない。
8. 盗みをはたらいてはならない。
9. 嘘の証言をしてはならない。
10. 隣人の家をもらってはいけない。

アブラハムとは…　イスラエル人の祖で、最初の預言者。神の命令に逆らわない、信仰厚き者として信仰され、ユダヤ教・キリスト教・イスラム教で信徒の模範とされる。

Key 2

ユダヤ教

幾度も逆境に直面

バビロン捕囚、神殿破壊がもたらしたもの

度重なる苦難によって戒律重視の宗教へ

BC10世紀頃、ユダヤ人はイスラエル王国を築き、ソロモン王の時代に第一神殿を建築。しかし、ソロモンの死後、ユダ王国と分裂。のちに両国ともに征服され、ユダ王国のユダヤ人は、新バビロニアの王によりバビロンに連行され、捕虜にされます（バビロン捕囚）。

新バビロニアの崩壊に伴いユダヤ人も解放。BC6世紀頃に、

出エジプト以降のユダヤ民族の境遇

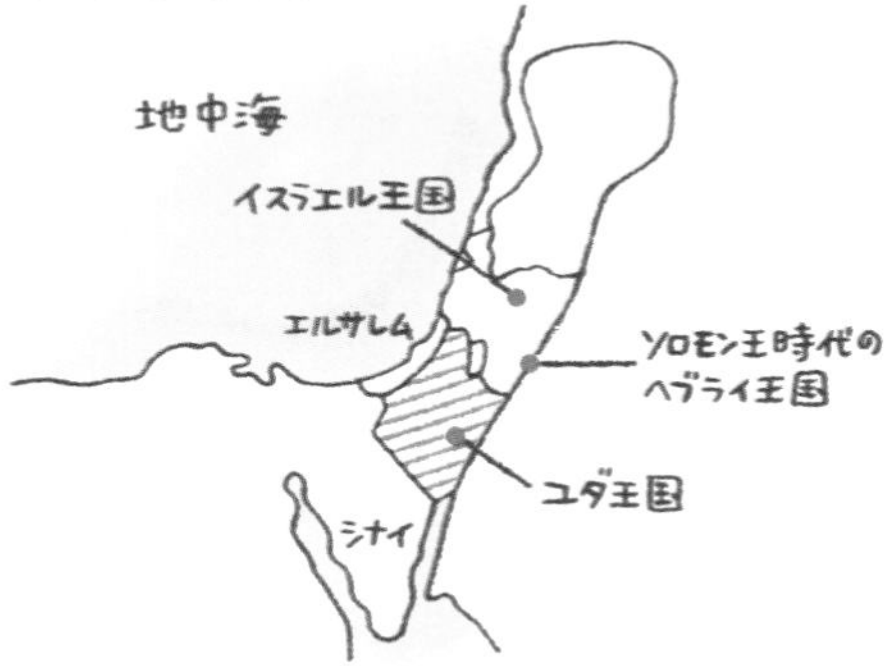

BC10世紀頃

イスラエル王国の繁栄
第一神殿の建築

▼

ソロモン王の死後、分裂

▼

北:イスラエル王国
南:ユダ王国

◀

BC722年

イスラエル王国

▼

アッシリアに侵略される

BC586年

ユダ王国

▼

新バビロニアに侵略される

◀

BC66年〜

再興したユダ王国（ハスモン朝）がローマ帝国との独立戦争に敗れる

▼

再建した第二神殿が破壊される

ディアスポラとは… ギリシア語で「散らされたもの」を意味する。主にパレスチナの外で離散して暮らすユダヤ人を指す。

破壊された第一神殿の地に第二神殿を建築し、BC2世紀頃にはハスモン朝として繁栄を迎えます。しかし、これも長くは続きません。ローマ帝国の介入を受け、66年から独立戦争が勃発。**これに敗北、そして第二神殿も破壊されたユダヤ人は、以降、離散して暮らすディアスポラの時代**を迎えます。

このような〝逆境〟を、ユダヤ人は「自分たちが神に背いたせいだ」と解釈します。さらに神殿が破壊されたことも相まって、ユダヤ教は、信仰心を強くする＝戒律に忠実に従う、という〝法重視〟の性格を強めていくのです。

逆境Ⅰ　バビロン捕囚

BC586年

征服した新バビロニアの王が、ユダ王国に住むユダヤ人をバビロン（現在のイラク南部）に連行。奴隷生活を強いられる。

逆境Ⅱ　神殿破壊

BC66年

バビロン捕囚の際に破壊された第一神殿。同地に再建した第二神殿（現·嘆きの壁）も、ローマ帝国によって破壊される。

第二神殿とは…　バビロン捕囚後、ペルシアの王キュロスによって再建が許され、崩壊されるまでユダヤ教信仰の中心だった。「嘆きの壁」は現存する外壁の一部。

Key 3

ユダヤ教

生活のすべてを規定！律法主義の拠り所とは？

二つの聖典が規定するユダヤ教の律法

ユダヤ教ではユダヤ法を遵守することが信仰の実践となります。その法の拠り所こそ、二大聖典『タナハ』と『タルムード』です。

タナハは「トーラー」（律法）、「ネビーイーム」（預言書）、「ケトゥービーム」（諸書）という3つの分野で構成されています。特に重要なのがトーラーです。預言者モーセが書いたと伝

律法主義の拠り所①『タナハ』

タナハ＝ヘブライ語聖書

INDEX

1. 律法　2. 預言書　3. 諸書

神の戒律が記された律法、救済の方法などが書かれた預言書、詩や教訓などが入った諸書の3部構成。

- 1世紀頃に正典化
- 3部構成の全39巻
- 特に律法のトーラーを重視
- キリスト教では『旧約聖書』として取り入れる

▶トーラー（モーセ五書）

創世記	天地創造や人類の歴史など
出エジプト記	モーセの指導のもとエジプトを脱出した物語
レビ記	礼拝儀式の規定や祭司の役割など
民数記	出エジプト後、ユダヤ人一行が約40年放浪した記録
申命記	約束の地に到着する一行に向けたモーセの説教

シナゴーグとは…　聖書の朗読と解説を行う集会所。ディアスポラ後は、教会堂としてユダヤ人の礼拝の中心地となった。

わることから、「モーセ五書」とも呼ばれ、神が定めた戒律について記されています。

とはいえ、紀元前に書かれた戒律を、現代にそのまま適用することは難しいでしょう。そのためユダヤ教では、ラビといわれる律法学者がトーラーや口伝で伝わるモーセの教えを解釈し、〝実用的〟な解説を施しました。

こうして生まれたのがタルムードです。📍**タルムードには、他の聖典に比べて実践的で、現代ビジネスパーソンにも通じる金言が多く収録**されています。

タナハ、タルムードが拠り所となり、安息日などの習慣、食物規定などが決められます。

トーラーの教え手「ラビ」という存在

律法に精通した学者をラビという。シナゴーグで律法の朗読やレクチャーをするなど、ユダヤ人コミュニティ（ゲットー）の指導者にもなった。現代においても、社会問題が発生すると、聖典に準拠した解決策を提言する。

📍律法主義の拠り所②『タルムード』

タルムード

- ラビたちが編纂
- 5世紀頃に成立
- モーセに由来する「口伝律法」を収録
- 実用的な内容

金言例

自分より賢い人がいるときは沈黙

すべて金で買うことができるが、知性だけは買うことができない

最も良い教師とは、最も多くの失敗談を語れる教師だ

ゲットーとは…　中世ヨーロッパでユダヤ人が強制的に居住させられた地区。隔絶され、周囲との間に壁が築かれた。

Focus!

ユダヤ教

知っておきたいユダヤ教の食と習慣

牛肉はOK、チーズバーガーはNG!?

日本の正月＝安息日!? 厳格な食物の規定も

ユダヤ教徒の日常生活で最も重んじられるのが、安息日と食物の規定です。

安息日とは、「6日働いたら7日目は祈りのために休むこと」という十戒に基づいた〝労働が禁じられた日〟。週に一回、金曜日の日没から土曜日の日没まで、教徒は家族とともにお祈りをし、豪華な食卓を囲むのが一般的です。日本における正月

食

○ **4つの足の獣のうちひづめが割れていて、反芻するもの**

× 豚やラクダなどがNG。豚の肉や骨を使ったダシ、エキス、脂を使ったラードなども禁止。

○ **海・川・湖に住み、ヒレとウロコがある**

魚介類では、ヒレとウロコがあるもの以外はNG。イカやタコ、エビ、貝類も禁止。

× **血抜きされていないもの**

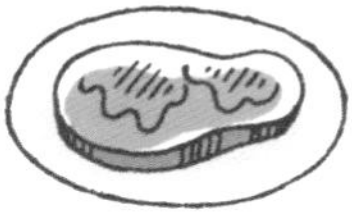

血液を口に入れることは禁止。牛を調理する際は、しっかり血抜きを行い、血が滴るような焼き加減もNG。

× **乳製品と肉の組み合わせ**

胃で合わさらないよう肉料理と乳製品を同じ献立に並べるのもNG。

※反芻：胃が分かれていて、一度食べたものを分解後、再び口に戻してから別の胃で消化すること。

が、週に一回訪れるといえるでしょう。

細かい食物規定（カシュルート）もユダヤ教の特徴です。動物では、ひづめが割れていて、反芻するもの以外はNG。さらに、完全に血抜きされたものでなければ食べられません。また、「乳製品と肉が同時に胃の中にあること」も禁止されているため、ステーキがOKでも、チーズバーガーはNGに。

〝厳格すぎる〟と思われるかもしれませんが、ユダヤ教徒にとっては信仰の実践です。会食する際などは、事前に食べるものや、店の情報などを共有しておくのがおすすめです。

習慣

安息日の過ごし方

金曜日日没

火やガスなどが使えないため、事前に調理を済ませる。

男性はシナゴーグへ

教徒がシナゴーグに集い、礼拝する。

家で祝福

家族や親戚で集まり、子どもに先祖の苦労話を聞かせるなど、信仰心を確認。

食前のお祈り

食前は祈りを捧げ、食卓を囲む。豪華な食事が並ぶことが多い。

終了の儀式

安息日が終わりに近づくと、ろうそくに日を点け、終わりの儀式を行う。

安息日の禁止事項例

- 車に乗る
- 料理をつくる
- 電気やガス、火の使用
- 種をまく（農業）
- 文字を2つ以上書く

キッパとは?

天（神）に対する敬意を表すために、ユダヤ教徒の男性がかぶる小さな帽子。日常的に被る人もいれば、シナゴーグなど神聖な場所でのみ被る人もいる。

正統派とは…　戒律を厳格に守る集団。さらに厳格な超正統派もある。ほかに、戒律を比較的自由に解釈する改革派、保守派がいる。ほとんど守らない世俗派も。

ユダヤ教の一派がキリスト教へ

BC 1300年

モーセが十戒を授かる

モーセ

Key 1

イエス・キリストの誕生と復活

P48

イエス・キリスト

イエスの弟子とは… イエスの死後、教団を運営したペトロやヤコブ、ヨハネなどの十二使徒をいう。レオナルド・ダ・ヴィンチの『最後の晩餐』でも描かれた。

現代世界で最も信徒数が多いキリスト教。
そのはじまりには、イエスによるユダヤ教改革運動がありました。
まず、新約聖書成立までの過程を見てみましょう。

パウロの布教

パウロの布教

Key 2
新約聖書の成立

P50

397年

レオナルド・ダ・ヴィンチ
『最後の晩餐』

パウロとは…

キリスト教徒を迫害していたが、改心体験を経て伝道者に。伝道旅行で異邦人信者を増やすも、64年にローマの皇帝ネロによって処刑される。

Key 1

キリスト教

人類史上最大の影響力!?

イエス・キリストの誕生と復活

イエスの〝死後〟にキリスト教が成立!?

　多くの場合、開祖の生涯は教典や伝説などによって伝承されていきます。**イエスも、その存在を表す同時代の史料は発見されておらず、手がかりは『新約聖書』の「福音書」のみ。**

　それによれば、イエスはマリアの子として誕生。その後、悪霊を追い払うなどの奇跡体験を経て、ユダヤ教（律法主義）に対する改革運動を強めていきま

イエスがたどった生涯

受胎告知(A)

マリアの前に天使ガブリエルが降り、聖霊によってイエスを妊娠したことを告げる。マリアは男女の交わりなしに身ごもった(処女受胎)とされる。

	主な出来事	概要
BC4年頃	受胎告知(A)	ナザレの大工ヨセフと婚約したマリアの前に、天使が出現
	生誕	ベツヘレム(現・降誕教会)で誕生
27年頃	洗礼	ヨルダン川で聖ヨハネに洗礼を授けられる
	伝道開始(B)	荒野で断食を行っている最中、悪魔に誘惑されるが、それを退けて、伝道を開始
30年頃	迫害	ユダヤ教徒から迫害される
	最後の晩餐	弟子たちとの食事中、弟子の一人が裏切るであろうと予告
	受難(C)	十二使徒のひとり、ユダの裏切りで逮捕され、磔刑に処される
	復活(D)	死後3日後に、弟子たちの前に姿を現す。40日後、昇天する

クリスマス=イエスの誕生日は誤解!?

実はどの福音書にもイエスの誕生日の記述はない。ローマ帝国で流行していたミトラ教の冬至の祭りを基盤に12月25日に設定。

ファリサイ派とは… ユダヤ教の実権を握っていた一派。徹底した戒律主義で知られ、イエスは彼らを偽善者と批判した。

す。その結果、ユダヤ教徒の反感を買い、反ローマの嫌疑で十字架にかけられることに。

しかし、死後3日目、弟子たちが「イエスが復活して目前に現れた」と証言。これを機に、イエスとその復活を信仰する集団、キリスト教が誕生しました。

一般に、「イエスによってキリスト教がはじまった」といわれますが、イエスの生前はユダヤ教の一派という性格が強かったと考えられます。

むしろ、イエスの教え（福音）を、十二使徒やパウロといった弟子たちがローマ帝国内で布教していった段階から、キリスト教が確立したといえるでしょう。

伝道開始（B）

ヨハネから洗礼を受けたイエスは、「悔い改めよ。神の国は近づいた」とガリラヤ湖畔で伝道を開始。

受難（C）

反ローマの嫌疑がかけられ、磔刑に処される。イエスがゴルゴダの丘まで十字架を背負って歩いた約1キロの道は、ヴィア・ドロローサ（悲しみの道）といわれる。

3日後…

復活（D）

弟子たちの前に姿を現す。世界への布教を託した弟子たちの前で昇天していったという。

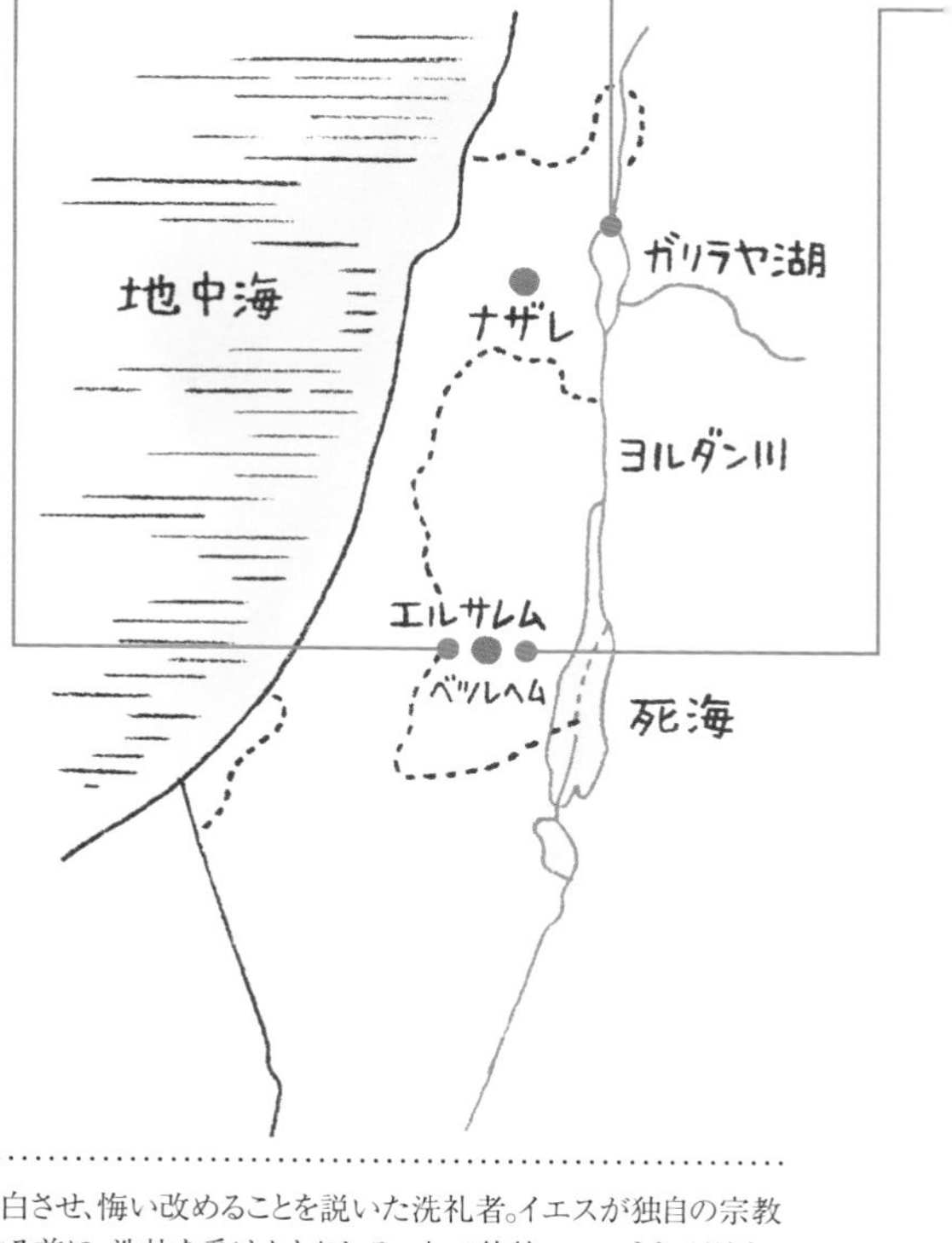

洗礼者ヨハネとは… 人々に罪を告白させ、悔い改めることを説いた洗礼者。イエスが独自の宗教活動を展開する前に、洗礼を受けたとされる。十二使徒のヨハネとは別人。

Key 2

キリスト教

ユダヤ教と何が違う!? 教義の根本・聖書の中身

旧約&新約聖書の違いとは?

旧約聖書は、先述したように、ユダヤ教の聖典『タナハ』にあたります。●キリスト教ではこれを人間と神の〝旧い契約〟と見なし、旧約聖書と名づけました。

しかし、解釈には違いがあります。ユダヤ教ではそこに示された律法が重視されますが、キリスト教ではイエスの到来が預言されたものと解釈。エレミヤ

●聖書①
タナハを受け継ぎ『旧約聖書』へ

旧約聖書

- タナハを受け継ぐ
- "旧い契約"＝旧約聖書
- イエスの到来が預言された書として解釈

預言者エレミヤは、ユダヤ王国の滅亡と、神との新しい契約の到来を預言。

よく聞く「原罪」って何?

最初の人類、アダムとイブは、神の命に反して善悪を知る木の実を食べる。掟を破った二人を神が楽園から追放し、罰として労働と死を運命づけた——キリスト教では、木の実＝性の快楽と解釈され、二人の犯した罪は「原罪」として全人類が負うことに。そして、教会を通して神の許しを得る贖罪の考えに結びついた。

エデンの園とは… アダムとイブが暮らしていた楽園。神の命に反して、園の中央部にある"禁断の果実"を食べたことから追放される。

書（預言書）なども〝新しい契約誕生の預言〟ととらえました。

　こうした預言が成就した書として、397年にまとめられた〝新しい契約〟が新約聖書です。旧約聖書がユダヤ人の物語中心であるのに対して、**新約聖書はイエスの生涯とその教え、弟子たちによる布教活動が中心。**異邦人への伝道で活躍したパウロによる書簡も含まれ、最後に世の終わりを示す黙示録が収められています。

　また、旧約聖書で書かれた「アダムとイブ」の物語を、その後〝原罪〟に結びつける解釈は、以降のキリスト教に大きな影響を与えました。

聖書②
神との新たな契約『新約聖書』の誕生

新約聖書

- 4世紀に現在の形に
- 全27巻
- イエスの生涯や教え、弟子の伝道が記される
- イエスこそが、旧約聖書で到来が預言された救世主（メシア）であると解釈

INDEX

1. 福音書	マタイ、マルコ、ルカ、ヨハネがイエスについて記したもの。ヨハネはイエスの言葉、ほかの3つはイエスの生涯が中心。
2. 使徒言行録	使徒ペテロとパウロの活躍が中心。
3. 書簡	キリスト教の教えや救済について書かれたパウロの手紙など。
5. ヨハネの黙示録	終末に起こる出来事の予言的描写。

「福音書」で最初に書かれたのが、生前のイエスの生涯を伝承からまとめた「マルコの福音書」。その後、マタイとルカが独自の資料を加えて「マタイの福音書」「ルカの福音書」が成立。内容が似たこれら3冊は「共観福音書」とよばれる。

隣人愛とは…

「隣人愛」は旧約と新約どちらにも記される。ファリサイ派との問答に、イエスは「神と隣人への愛こそが最も大切な掟」と答えたとされる。

キリスト教

迫害と分裂を経て
教会最強時代へ

300年

Key 3

ローマ帝国の迫害&公認

P54

Key 4

三位一体論の採択

P56

西方教会（カトリック）と正教会に分裂

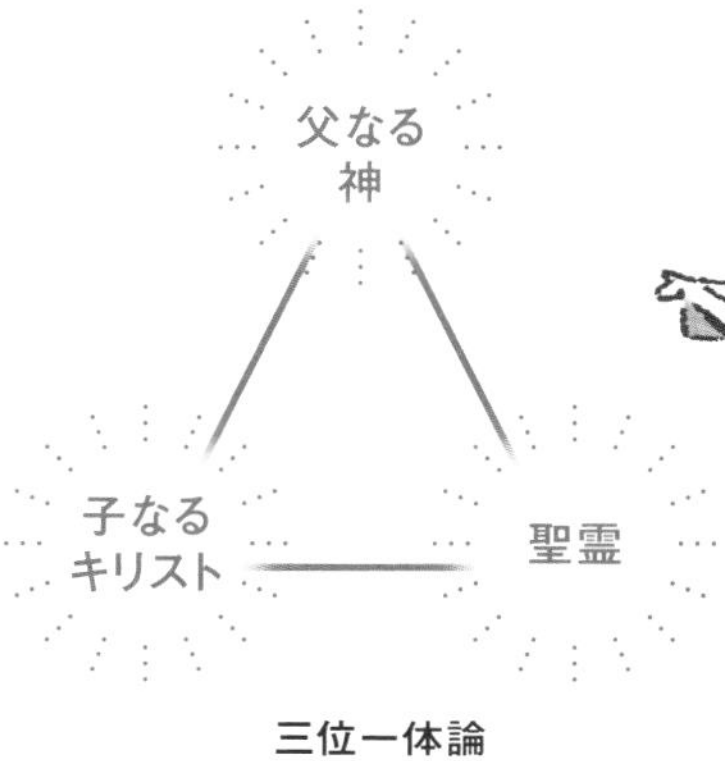

三位一体論

ローマ帝国の迫害、公認を経て、世界に拡大するキリスト教。
中世は教会が全盛時代を迎える一方、
公会議を繰り返しながら教義が発展、確立されていきます。

秘跡

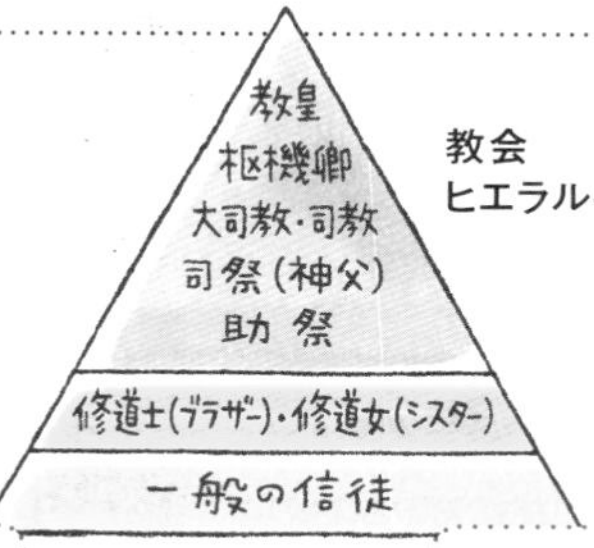

教会
ヒエラルキー

1274年

十字軍遠征がはじまる

◀

Key 5

7つの秘跡が採択される

P58

十字軍遠征

十字軍とは…

「エルサレム奪還」を名目に、イスラム王朝に対して派遣された。参加者に贖宥（罪の償いの免除）を宣言したため、多数の信徒が参加した。

Key 3

キリスト教

愛憎入り混じった感情――ローマ帝国の国教化、そして世界宗教へ

迫害→国教化→分裂、揺れるキリスト教

弟子たちの布教によってローマ帝国でキリスト教徒が増加。**皇帝崇拝を拒否するキリスト教徒は、激しく弾圧されます。**こうした迫害はのちに、殉教者を「聖人」として崇む聖人崇敬を生み出します。聖人には病気の治癒などの奇跡を起こす力があるとされ、その遺物や遺骨（聖遺物）が崇敬の対象に。聖遺物は各地の教会で祀られるように

ローマ皇帝の激しい弾圧→国教へ

1～3世紀頃

特に、ネロ帝（54～68年）とディオクレティアヌス帝（284～305年）による大迫害が知られる。

- キリスト教徒増加
- ローマ帝国の弱体化

殉教者が「聖人」に

信仰対象は殉教者に加えて十字架や遺骨などの聖遺物も含まれた。

聖俗の分離で認められた!?

キリスト教（カトリック）は世俗と聖世界を分離する宗教。それゆえ世俗を規定するローマ法とも共存できた。

392年

聖像禁止令とは… 西方教会は聖像を使ってゲルマン人に布教。東ローマでは皇帝・レオン3世が聖像を禁止した。

なりました。

　一方ローマ帝国の弱体化に伴い、皇帝はキリスト教徒を味方にするほうが得策と考えるようになります。こうしてキリスト教は、313年に公認、392年には国教化されました。

　国教化によって信仰が保証される一方、国の影響を強く受けるようになります。実際、**ローマ帝国が東西分割統治をはじめたことで、教会も東西それぞれに分割**されることに。その後、聖像や教皇の地位などをめぐって東西教会間の対立が激化し、1054年、相互破門を宣告。東の東方正教会、西のカトリックに分裂しました。

ローマ帝国の分裂→カトリック&正教会に二分

5世紀頃

395年の分割統治開始以降、西ローマ帝国はローマに、東ローマ帝国はコンスタンティノープルに総本山を置いた。徐々に、東西間の隔たりが大きくなる。

西方教会

- ローマ教皇が絶対的権威
- ラテン語中心
- 聖像を使って布教

東方教会

- コンスタンティノープル総主教座が権威の筆頭
- ギリシア語中心
- 聖像を禁止（一時的）

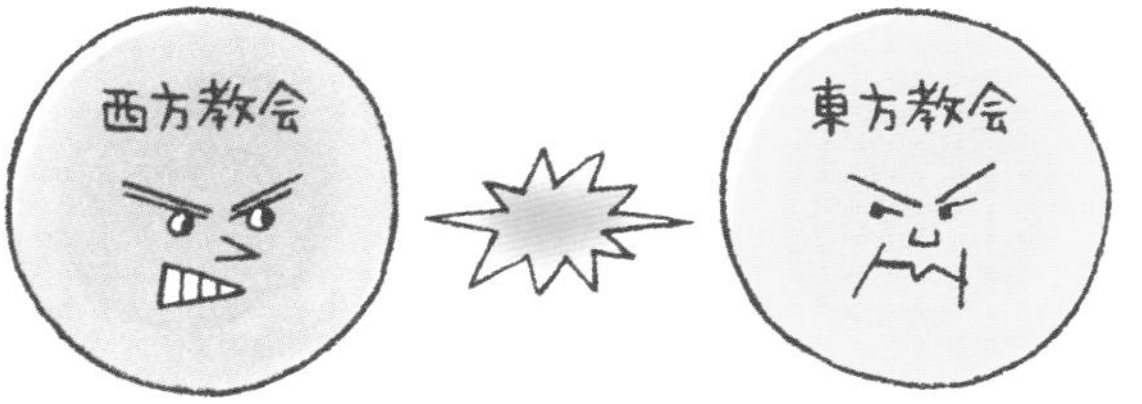

普遍的な教会を意味する「カトリック」へ

正統的な教会を意味する「正教会」へ

五大総主教区とは…　エルサレムやコンスタンティノープル、ローマなどの5ヵ所に教会が設置された。このときのローマの総主教が現在のローマ教皇にあたる。

Key 4

キリスト教

イエスは神か？人間か？
信仰する対象・三位一体とは？

なぜ、教会の権威は高まった？

ローマ帝国時代、「三位一体論」が採択されたことも、のちのキリスト教に影響を与えました。

4世紀半ば、イエスは神と人の両方の性質をもつとするアタナシウス派と、神の唯一性を主張するアリウス派が対立。議論の末、アリウス派が異端とされ、アタナシウス派が正統、「イエス＝神の性質をもつ」ことが正式な教義になりました。さら

イエス＝神!?「三位一体説」の考え方

アリウス派

神は唯一であり、イエスは人に過ぎない

↓

ユダヤ由来の神の優位性

アタナシウス派

イエスは人と神の両方の性質をもつ

↓

神＝三位一体

381年 「3つの神＝1つの神」となる三位一体論の採択

父なる神

ユダヤ教伝来の天地創造の神でイエスの父。

子なるキリスト

神の子として人々の前に現れた救世主。受難、復活を経て神の世界へ戻った。神、人間両方の性質をもつとされる。

聖霊

神と人をつなぐ役割をもつ。「ルカの福音書」では、鳩の姿でイエスの前に現れたとされる。

カノッサの屈辱とは…

1077年、神聖ローマ皇帝ハインリヒ4世が、教皇グレゴリウス7世に破門を解いてもらうべく、取りなしを乞うた。

に381年には、イエス、そして聖霊も神と同質とする「三位一体論」を採択。こうした**〝三位一体の神〟への信仰は、カトリック、正教会、プロテスタントでも共通する、キリスト教で普遍的な教義となりました。**

また、中世にかけて、カトリックでは**教会組織などの〝信仰システム〟も発展します。**教皇を頂点に、枢機卿、司教、司祭……と続くヒエラルキーが成立。さらに、教徒のための儀式「7つの秘跡」(→P58)もまとめられます。こうした教会を中心としたシステムは、皇帝よりも教皇が優位に立つ、教会全盛時代につながっていきます。

中世にかけて発展した“信仰システム”

教会

962年、神聖ローマ帝国が誕生。“神聖”とあるように、カトリックを守護する理念があった。やがて教皇が皇帝より優位に立つように。

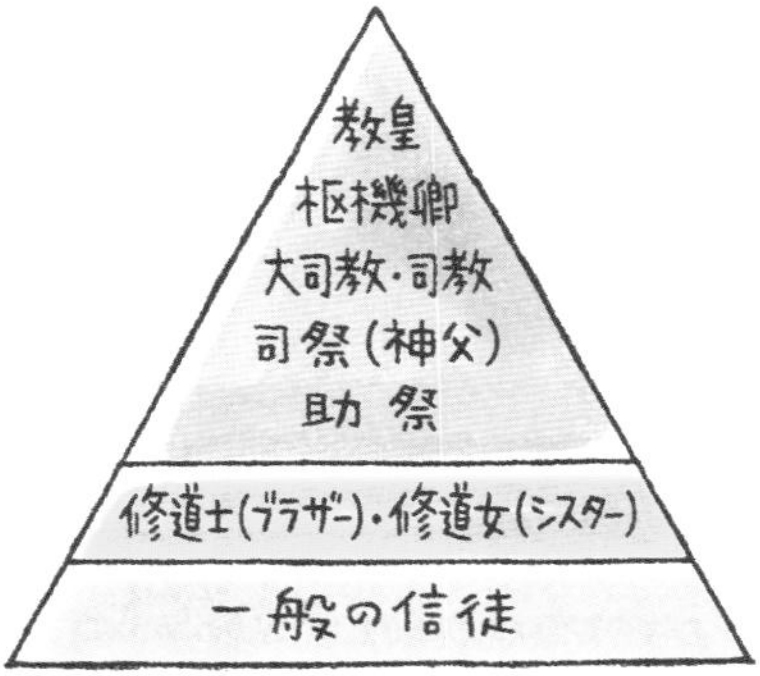

教皇を頂点に、教皇の最高顧問・枢機卿、教会を管轄する司教、教会の儀式を行う司祭、司祭に協力する助祭といった階層制の組織が発達していった。

修道会

修行に励みたい人が“出家”して共同生活を送る修道会。修道士・修道女は「清貧、貞潔、従順」に沿った生活を送る。

ドミニコ会とは… 13世紀に誕生した修道会で、神学者トマス・アクィナスが所属。ほかに、托鉢を重視するフランシスコ会、16世紀に成立したイエズス会などが有名。

Key 5 キリスト教

映画でおなじみの「告解」とは？ 現代に続く儀式・7つの秘跡

キリスト教で「回心」が重視される理由

キリスト教は、一神教でありながら、聖人崇敬などに表されるように、多神教的な性格を帯びていきます。また、新約聖書に記され、信者たちが待望するイエスの再臨もなかなか訪れません。こうした背景から、〝矛盾〟を超越する体験「回心」（自らの罪を認め、神に立ち返る心の転換）が重視されるようになります。以降のキリスト教に、この回心によって救済される方法を示した人物がアウグスティヌス（354～430年）です。

著書『告白』によれば、若い頃のアウグスティヌスは放蕩生活を送り、善悪二元論で知られるマニ教を信仰していました。そんな折に、ミラノで隣家の子どもが「聖書を読め」と言うのが聞こえてきます。実際に読んでみると、福音書に書かれた「肉欲に心を使ってはならない」という言葉に衝撃を受け、彼は「自分に向けて言われた言葉」として解釈しました。これを機に、自らの罪深さを認めて（告解＝ざんげ）、神を受け入れる＝救

アウグスティヌス

マニ教とは…　3世紀頃、開祖マニが創始した宗教。善悪二元論を中心教義とし、一時は隆盛を誇ったが、のちに衰退。

いにつながることを示したのです。

中世にかけて成立！
キリスト教徒が行う正式な儀式

中世にかけて、アウグスティヌスの回心のような儀式的な行為がまとめられていきます。1274年、第二リヨン公会議で、正式な儀式が定められました。**入信の際に聖水で身を浄める「洗礼」や、パンとぶどう酒を食べる＝それぞれイエスの身体と血を食べると認識される「聖体」など、7つからなるこれらの儀式を、秘跡（サクラメント）**といいます。

カトリックでは現在も受け継がれていますが、正教会では秘跡＝機密（ミステリオン）といい、聖洗（洗礼）、神品（叙階）など、儀式の名前も異なります。ちなみに、のちに紹介するプロテスタントでは、洗礼と聖餐（聖体）の2つしか認めていません。

7つの秘跡（サクラメント）

洗礼
聖水によるキリスト教への入信の儀式

堅信
洗礼後に信仰を宣言する

聖体
イエスの“身体”としてのパンを口に入れる

告解
罪や過ちを悔い改め、神に赦しを乞う

叙階
聖職者になるための儀式

婚姻
男女が愛と忠誠を誓い、夫婦になる

塗油
病気や臨終の際、神父が信者の額に油を塗る

パンとぶどう酒とは…
福音書によれば、イエスは最後の晩餐で、パンとぶどう酒を、それぞれ「自分の身体」「自分の血」と弟子たちに伝えたとされる。

キリスト教

宗教改革と革命を経て近現代へ

Key 6

宗教改革とプロテスタント誕生

P62

Key 7

戦争・革命が多発する

P64

贖宥状の販売

異端審問とは…

カトリックで異端者を処罰するための裁判。中世や、15世紀以降スペインで行われたものなど、場所により性格は異なる。

宗教改革によってプロテスタントが登場。
しかし、新旧宗派の二分は、欧米で戦争・革命を引き起こします。
現代に至るキリスト教の発展プロセスを見てみましょう。

プロテスタント圏を中心に資本主義が発展

Key 8

世俗化が進む現代へ

P66

メイフラワー号とは… 1620年、清教徒（プロテスタントの一派）がイギリスからアメリカに移住した際に乗った船。彼らはピルグリム・ファーザーズ（巡礼始祖）といわれる。

Key 6

キリスト教

教会全盛時代の終焉―― 激変の宗教改革とプロテスタント誕生

贖宥状の販売が教会失墜の決定打に……

十字軍の失敗などで、教会は影響力を失っていきます。その凋落を象徴する事件が贖宥状の販売。教会は財源確保のために、これを買えば生前に罪を清算できる＝天国に行けるとうたった贖宥状を販売しました。

こうした教会の政策に異を唱えた聖職者が、ルターとカルヴァンです。いずれも聖書中心主義を主張し、すべての信徒が

「聖書に帰れ!」が合言葉の宗教改革

十字軍の失敗
エルサレム奪還を果たせず、教会の威信低下に。

世俗権力の増大
教会の「神聖」に疑問を感じ、キリスト教と距離をとる人が増加。

決定打

贖宥状の販売

対立

ルター派

カルヴァン派

聖書中心主義や万人祭司主義、そして善行ではなく信仰のみによって救われることを主張。

より徹底した聖書中心主義や、救われる人間は決まっているとする「予定説」などを説いた。

ヘンリー8世とは… イングランド王。当初、教会と協調するが、のちに対立しイギリス国王を首長とするイギリス国教会を創始。

平等とする万人祭司を説きます。**教会の権威を重んじるカトリックに対して、個人主義的な信仰を訴える抗議（宗教改革）によって生まれた宗派がプロテスタントです。**プロテスタント各派では、神に仕えるための終世誓願というシステムは存在しません。それゆえ、聖俗を区別させない宗教として、広範な地域に広がりました。

一方、**カトリックでも、修道会のイエズス会を中心とした"対抗改革"が起こります。**その一つに、海外布教の強化が挙げられますが、イエズス会の宣教師、フランシスコ・ザビエルの訪日もその一環だったのです。

カトリックでも"反宗教改革"が……

①海外布教の強化

アメリカ大陸や東アジアへ、積極的な布教を開始。しかし、浸透したとはいえなかった。

②教義の再確認

公会議を開き、教義を再確認。贖宥状を禁止した一方、教会や聖人崇敬も信仰に欠かせない点などは不変とした。

③プロテスタントと衝突

宗教裁判などによって、プロテスタントに改宗した人への取り締まりを強化した。

ついに日本にも伝来

日本とキリスト教の初接触は宣教師・ザビエルの来日。九州を中心に、一時は約20万人にまで増えたといわれるが、豊臣秀吉のバテレン（キリスト教聖職者）追放令によって、布教が制限。キリスト教が公認される明治期までは、隠れキリシタンとして信仰を継続する信者もいた。

ツヴィングリとは…　ルターなどとならぶ、宗教改革の立役者。ルターよりも徹底した聖書主義、聖像批判などを展開。チューリッヒに神権政治を確立しようとした。

Key 7

キリスト教

近代国家が続々誕生！ 戦争と革命の時代。各国が歩んだ道は？

宗教戦争や革命を経て現代の宗教分布へ

宗教改革が広がった16～18世紀は、近代的な国家の成立、大航海時代による航路開拓を背景に、欧米を中心にさまざまな戦争・革命が起こりました。

たとえば、ボヘミア（当時神聖ローマ帝国）の新教徒たちが、プロテスタント弾圧に対して蜂起した反乱は、スウェーデン、フランスなどを巻き込んだ宗教戦争（三十年戦争）に発展。1

16世紀以降多発した「戦争」と「革命」

三十年戦争やピューリタン革命のほかに、フランスで起きたユグノー（カルヴァン派）とカトリック間の内戦「ユグノー戦争」など、宗教戦争や革命が多発。

イギリス国教会とは… アングリカン・チャーチとも。ヘンリー8世の離婚問題にはじまり、1559年のエリザベス1世によって確立。

648年のウェストファリア条約で、国際規約としてカルヴァン派が公認されました。

また、絶対王政などの打破を目的とした市民革命も多発。その走りとされるのが、イギリスのピューリタン（＝カルヴァン派）革命です。

ピューリタンたちは、カトリックと妥協的な態度をとる国教会と王政の打破を訴えて蜂起。さらにその一部がアメリカへ移住したことで、プロテスタントを中心としたアメリカ合衆国誕生につながっていきます。

●こうした戦争や革命は、キリスト教国におけるその後の〝道〟を決定づけたといえます。

●現代におけるキリスト圏の宗派分布

カトリック

イタリア、スペイン、フランス、ブラジルなど南米諸国

ローマ教皇の支配から離れる一方、カトリックの儀式を受け継ぐイギリス国教会は、カトリックとプロテスタントの中間に位置する。

プロテスタント

アメリカ、北欧、オーストラリア

アメリカの政治や社会をけん引してきた白人エリート層は、WASP(White Anglo-Saxon Protestants)とよばれる。

正教会

ロシア、ギリシャ、中欧諸国

カトリックのようにひとりの教皇をトップとせず、ギリシャ正教会など各地の独立・自治教会（総主教）が対等。

WASPとは…

主にイギリスから移住してきた人々の子孫を指す。概して反カトリックで、アメリカをけん引したエリート層だったが、その影響力は徐々に弱まりつつある。

Key 8

キリスト教

ひと目でわかる！ 現代のキリスト教派・徹底比較

カトリックとプロテスタントの違い

世界人口の30％強に及ぶキリスト教。そのなかで多くの信仰を集めている教派が、カトリックとプロテスタントです。

両者は同じ聖書を聖典としている点、三位一体を信仰する点など、共通点も多く見られます。一方、**日常生活や信仰上重視するものなどには、さまざまな違いがあります。**２つの違いを簡単にいえば、古代由来の伝統

カトリック&プロテスタントの一問一答

カトリック		プロテスタント
教皇	**最高指導者は？**	なし
教皇をトップとするヒエラルキー	**組織体制は？**	万人祭司（全員平等）
神父や司祭	**聖職者の呼び名は？**	牧師
独身が原則	**聖職者の結婚は？**	自由
男性が原則	**聖職者に女性は？**	いる
あり	**聖人崇敬は？**	なし
「ミサに行く」と言う。イエス像があり豪華	**教会は？**	「礼拝に行く」と言う。質素な傾向
ある（修道士・修道女）	**終世誓願は？**	なし
7つの秘跡	**儀式は？**	洗礼、聖餐（聖体）のみ
善行重視	**救われる方法は？**	信仰重視
禁止	**教徒の離婚&再婚は？**	自由（例外あり）
切る	**手で十字架を切る？**	切る人、切らない人がいる

信仰熱心なプロテスタントのなかの福音派は離婚に厳しい

的な教義と、教皇を中心とする集権体制を重視するのがカトリック。対して、聖書を信仰の中心に置き、教会制度をもたないのがプロテスタントということができます。

前述したようにプロテスタントには終世誓願というシステムがありません。牧師は俗人で、修道院などもなし。それゆえ、カトリックに比べて、早いうちから世俗世界とうまく共存できました。その違いは、経済発展に顕著に表れています(↓P116)。

また、**カトリックとプロテスタントに正教会を加えた主要教派**以外にも、エホバの証人などの新宗教があります。

キリスト教宗派の比較表

	カトリック	プロテスタント	正教会
概要	教会(教皇)中心、聖人も崇敬	聖書中心、万人祭司、偶像崇拝禁止	聖書・聖伝中心、神秘主義的な傾向
信者数	約11億人	約4億5000万人	約2億5000万人
聖職者	司祭(神父)	牧師	司祭
聖地	サンピエトロ大聖堂、エルサレム旧市街など	なし	アトス山、至聖三者聖セルギイ大修道院など
最高指導者	ローマ法王	なし	総主教
儀式	7つの秘跡	洗礼、聖餐(聖体)のみ	7つの機密
多い国	イタリア、スペイン、ブラジル、フィリピンなど	オランダ、アメリカ、北欧諸国、(イギリス)など	ロシア、東欧諸国など

キリスト教系の組織・教派

福音派(→P127)

- 聖書を忠実に守る
- 伝道活動を重視
- 人工中絶などに否定的
- アメリカ政治に影響

モルモン教

- アメリカ・ユタ州に本部
- 9世紀に成立
- 聖書と『モルモン書』が聖典
- 保守的な考えをもつ

アーミッシュ

- 「再洗礼派」といわれる
- 主にドイツ系移民によって構成
- 自給自足の生活を送る
- 集団礼拝を行う

テレビ伝道師とは… テレビでキリスト教の教えを説く人たち。聖書の解説や現代社会に対する批判などを通して、福音派の拡大に貢献した。

イスラム教

イスラム教のはじまりと教え

Key 1

ムハンマドが神の啓示を受ける

P70

ムハンマドのメディナ移住とメッカ征服

大天使ジブリール

メディナ移住

イスラム教の開祖ムハンマドが啓示を受けたのは7世紀のはじめ。
ユダヤ教、キリスト教と比べて歴史が浅いイスラム教は、
どのように生まれたのでしょうか？　教義と合わせて見てみましょう。

Key 2

正統カリフ時代にコーランが正典化

P72

Focus!

ハディースの集成

P74

800年〜

ムスリムとは…

イスラム教徒のこと。アラビア語で「神に帰依した者」を意味する。女性教徒はムスリマと呼ばれることも。

Key 1

イスラム教

聖徳太子と同世代

商人ムハンマドが啓示を受ける

商人の家に生まれイスラム教の開祖へ

イスラム教と同じ一神教のユダヤ教、キリスト教との違いは、預言者に対する考え方です。ユダヤ教ではモーセなどの預言者が人間に警告を与え、キリスト教ではイエスを預言者とは区別し、三位一体を構成する神としました。対してイスラム教では、イエスなどを預言者として認める一方、最高で最後の預言者をムハンマドととらえます。

開祖ムハンマドの生涯

啓示を受ける(A)

大天使ジブリール

ムハンマドの前に、大天使ジブリール(ガブリエル)が現れ、最初の啓示を与える。以降、ムハンマドは次々に啓示を受け、預言者になる。

イスラム世界の暦「ヒジュラ暦」とは?

ムハンマドがメッカからメディナに聖遷(ヒジュラ)した、ユリウス暦622年7月22日が、ヒジュラ暦元年の1月1日にあたる。1年を354日とする太陰暦。

	主な出来事	概要
570年頃	誕生	メッカで商人の子として生まれる
595年	結婚	15歳ほど年上のハディージャと結婚
610年	啓示を受ける(A)	瞑想中にアッラーから最初の啓示を受ける
622年	メディナに移住(B)	迫害を受けたムハンマド一行は、メディナに移住する
625年頃	メッカ軍と争う	「ウフドの戦い」「ハンダクの戦い」でメッカ軍と争う
630年	メッカ占領	メッカを占領し、アラビア半島を統一
632年	死去	メディナで没する

※ユリウス暦:古代ローマのユリウスが採用した太陽暦のひとつ。

ウンマとは… 唯一の神アッラーを信仰するイスラム教徒の共同体のことをいう。これを世界に拡大するのが目的。

ムハンマドは、570年頃に商人の家に生まれたとされます。25歳頃にハディージャと結婚。40歳頃からメッカの近くにあるヒラー山で瞑想をはじめます。そのムハンマドの前に天使が現れ、神の啓示を授けます。その後、ムハンマドは布教活動を行い、信徒ともに移住（ヒジュラ）。メッカ軍と争い、アラビア半島を統一して勢力を拡大していきました。

なかでも**ムハンマドの移住は重要な意味をもちます。**メッカで受けた啓示＝メッカ啓示、メディナのものをメディナ啓示といい、この2つによって「コーラン」は構成されます。

現在のサウジアラビア周辺

昇天
ムハンマドは岩のドームが建てられた場所で昇天し、神の前に至ったとされる。

メディナに移住（B）
メッカで迫害を受けるようになったムハンマドたちは、メディナに移住。ウンマと呼ばれる信仰共同体を築いた。

メッカ啓示＋メディナ啓示＝コーラン

610～620年頃
迫害されているときの啓示
↓
来世の価値を強く打ち出す終末論的内容
メッカ啓示

＋

620～630年頃
共同体（ウンマ）を結成以降の啓示
↓
信仰活動について説かれた現実的な内容
メディナ啓示

＝

650年頃

114章からなる『コーラン』の正典化

ジブリールとは… 三宗教において、ミカエルと並ぶ大天使。ムハンマドに啓示を与える一方、キリスト教で聖母マリアに受胎告知をした。キリスト教ではガブリエル。

Key 2

イスラム教

聖典コーランと教義の全貌

絶対的聖典の中身とは？

『コーラン』に書かれた内容とは？

ムハンマドが約20年にわたって受けた神の啓示は、弟子たちから信者へ口伝されました。しかし、時間が経つにつれて、解釈に違いが出てきます。こうした状況を見かねた第三代カリフ、ウスマーンが正典化。650年頃に『コーラン（クルアーン）』としてまとめられました。

コーランは全114章で構成。長い章が前のほうにあり、

コーランってどんな内容？

コーラン

- 全114章
- 長い章から順に収められている
- メッカ啓示、メディナ啓示に分かれる

INDEX

1章 開扉	6章 家畜
2章 雄牛	7章 高壁
3章 イムラーン家	⋮
4章 女性	
5章 食卓	114章 人々

モーセ&イエス論

モーセやイエスを預言者として認める一方、啓示を正しく理解できなかったとし、最後で最高の預言者をムハンマドとする。

女性論

古代アラブの社会では、女児が生まれると生き埋めにすることも。コーランではこれを禁止。さらに、女性にも相続権を与えた。

聖戦（ジハード）論

メッカで迫害された経験から防衛戦を肯定。「終末の日を信じない者たちと戦え」などもあるが、迫害からの防衛を意味する。

カリフとは… ムハンマドの後継者を意味する指導者。正統カリフ時代以降も、ウマイヤ朝（→P82）などの君主が自らを名乗った。1924年に廃止。

後半につれて短くなります。コーランの内容は訳によって解釈が異なりますが、たとえば第1章の冒頭、イスラム学者中田考さんの訳では、「慈悲あまねく慈悲深きアッラーの御名において」からはじまります。ほか、多神教の否定や食事、聖戦（ジハード）など、行動規範に関する内容が記されています。

　また、ムハンマドの言行録『ハディース』も第二の聖典として尊重されています。**●コーランをベースに、ハディースや、行動規範・六信五行、イスラム法・シャリーアに沿って生活する**――それが、イスラム教の基本的な信仰スタイルといえます。

●アッラーを信じる＝救済が約束される

コーラン

ハディース

ムハンマド自身が語った言葉はハディースにまとめられている。コーランに次ぐ第二の聖典として尊重。

信仰&行動規範

六信五行

イスラム教における規範。詳細は次項を参照。

イスラム法

シャリーア

コーランとハディースをもとに定められた神の法。礼拝などが義務として規定されている。

↓

来世で楽園に行ける＝救済が約束される

“いいとこ取り”のイスラム教

ユダヤ教

- 厳格な律法主義
- 聖俗一致
- 民族宗教

共同体の維持に
律法は必要。
だが、救いは誰にでも
開かれている

キリスト教（プロテスタント）

- 律法なし
- 聖俗分離
- 世界宗教

啓典とは… 神の啓示をまとめたもの。イスラム圏に住むユダヤ&キリスト教徒を啓典の民として、それぞれの信仰を認めてきた。

Focus!

イスラム教

六信五行とハラールの中身

知っておきたいイスラム教の食と習慣

教えの"明快さ"が特徴のイスラム教

イスラム教は教えが明快な宗教といわれます。それを表すのが、**コーランに基づいた信仰・行動指針「六信五行」**です。

六信とは6つの信じるべき対象を示したもの。絶対神アッラーをはじめ、天使や預言者などが含まれます。一方、五行は、イスラム教徒の日常生活に大きく関与する行動を示したもので、礼拝や断食、巡礼などがあたり

“信じるべきこと”＝六信
“行うべきこと”＝五行

六信

1. 神（アッラー）	天地創造の唯一神（アラビア語でアッラー）を信仰。宇宙の秩序はアッラーの意思とみなされる。
2. 天使（マラク）	ムハンマドに啓示を与えた天使ジブリールなどの霊的な存在。神によって光からつくられたとする。
3. 啓典（キターブ）	神が天使を通じて伝えた啓示の書。『コーラン』を指す。
4. 預言者（ナビー）	神の意図を人類に伝える存在。ムハンマドが初めて啓示を正しく理解した預言者とされる。
5. 来世（アーヒラ）	現世が終わった後、最後の審判の到来を信じること。生前の行いによって審判が下され、楽園（天国）か地獄行きが決まる。
6. 予定（カダル）	人間の命は神が定めたもの。それゆえ、運命を含め、自然界の現象はすべてアッラーの意思によって起こる。

五行

1. 信仰告白（シャハーダ）	「アッラーの他に神はいない、ムハンマドはアッラーの使徒である」とアラビア語で唱えることで、信仰を表明する。
2. 礼拝（サラート）	日の出前、正午、日没前、日没後、就寝前の1日5回、メッカの方角に向けて礼拝を行う。
3. 断食（サウム）	イスラム暦の断食月（ラマダーン）、成人男女は日の出から日没まで一切の飲食を絶つ。
4. 喜捨（ザカート）	自発的な献金で貧困者や戦死者の遺族の救済に使われるが、税としての意味もある。
5. 巡礼（ハッジ）	イスラム暦の12月7～13日は、世界中の信徒がメッカに巡礼する。

ます。断食といえば苦行のイメージですが、イスラム教では修行的な要素はありません。断食を続けるほど好ましいというわけではなく、五行の一つとして確実に行うことが大切にされます。

　巡礼（ハッジ）は、一生に一度行うことが義務。巡礼者はメッカの中心にあるカアバ神殿の周囲を7周してから、各所をめぐります。こうして巡礼を遂げた人は「ハーッジ」と呼ばれ、周囲から尊敬を集めます。

　このように信仰と行動方針が明確に示されていることが、世界でイスラム教が拡大している一因といえるでしょう。

習慣

ザカートとサダカ、2つの喜捨の違い

義務の喜捨（ザカート）のほかに、自発的に困窮者などに喜捨するサダカがある。「この世のすべてのものは神のもの」という考えがベースにある。

お祭り要素もある断食

イスラム暦の9月にあたる。この月の日の出から日没まで断食が行われるが、断食明けは友人や家族で集まり、盛大な祭りが開催される。

1日5回行う礼拝

1日5回、メッカの方角を向き、神をたたえる言葉を唱えるなどの礼拝を行う。

スーフィズムとは…

断食や巡礼といった行動を重視する主流派に対して、内面を重視したイスラム教の一派。神秘主義的な性格をもち、異端視されることも多い。

ムハンマドの教えを〝解釈〟するウラマー

イスラム教徒が守るべき事柄は、イスラム法「シャリーア」で具体的に規定されています。

イスラム教の絶対的な拠り所は、コーランとハディースで、これがシャリーアの基盤です。

しかし、犯罪や食事のタブーなど、イスラム圏で起こる問題への対応をめぐって、人によって解釈が異なることがありました。そこで、正典で明確に記載されていないことは、ムスリム共同体の合意（イジュマー）や法学者による類推（キヤース）によって方向が定められるよう

食

アルコール

酩酊作用があるアルコールもNG。酒類はもちろん、みりんなどアルコール成分が含まれた調味料の使用も避ける。

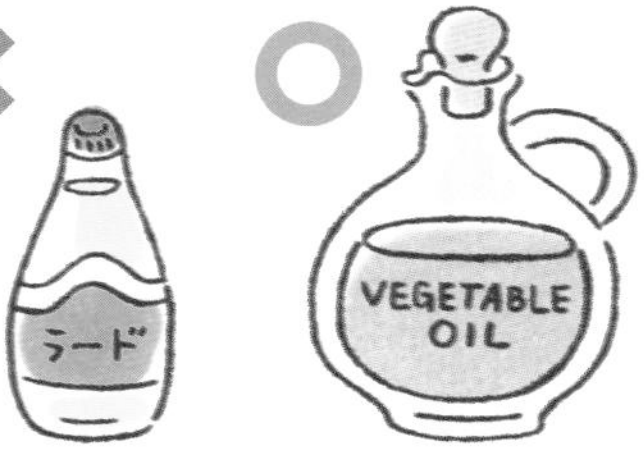

豚&豚由来のもの

豚を食べることが禁じられるのは、不浄とされるから。豚肉やベーコンはもちろん、豚由来のラード、ダシもNG。豚を処理した調理器具を使うのも避ける必要がある。

適切に処理されていない肉

血を口に入れることも禁止されている。肉や魚の血抜きにも注意が必要で、調理時は、焼き加減などに注意。

になりました。
　ちなみに、法学者はウラマーと呼ばれ、社会問題などをどう解決したらいいかを示すファトワー（判断）を発します。一方、モスクの管理などを行い、コーランを唱える役割を担うのがイマームです。
　イスラム法には、信仰や商売、日常生活にかかわる多種多様な法が定められています。礼拝や断食が義務に定められるほか、食物規定も記されています。イスラム法上、食材や調理法が〝許された〟食べ物を「ハラール」といい、近年日本でもこうしたハラールフードを提供する外食店が増えています。

その他

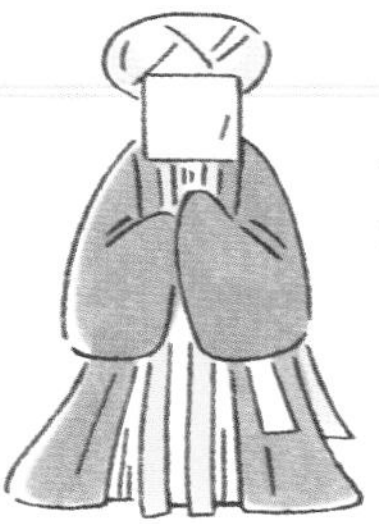

偶像崇拝は厳禁

神はもちろん、ムハンマドの像も崇拝対象にならない。それゆえ、モスクにはコーランの言葉が書かれたり、美しいタイルが使われていたりする。

金曜日の集団礼拝

金曜日はイスラム教徒にとって集団礼拝の日。昼頃にモスクに集まり、礼拝することが義務とされる。ちなみに、イスラム圏の多くは金曜日が休日。

犬は不浄な生き物!?

犬はイスラム圏では不浄な生き物とされる。そのせいか、イスラム圏では、猫が敬愛される傾向に。

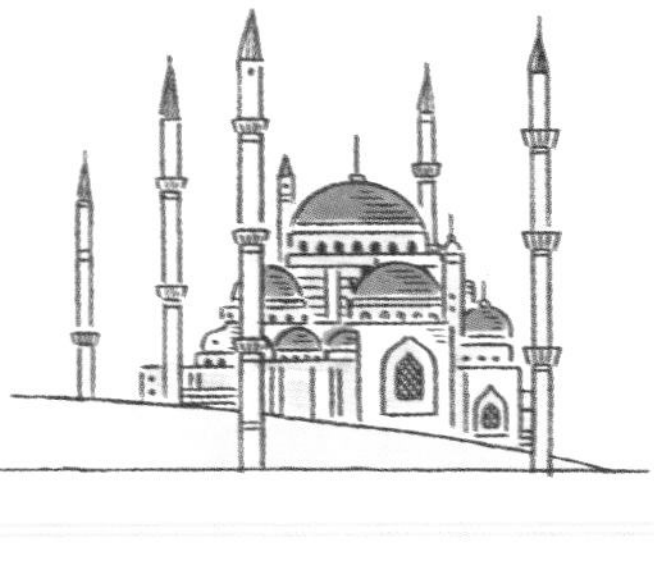

教会とモスクの違いとは?

イスラム教徒が礼拝を行う場をモスクという。一般にメッカの方角を示す「ミフラーブ」という窪みがあり、カトリック教会における聖人の聖遺物といった神聖なものは置かれていない。

イマームとは…

イマームは「イスラム教聖職者」と呼ばれることがあるが、イスラム教は聖俗一致の宗教であるため、世俗世界から離れた聖職者は存在しない。

イスラム教

分裂を経て世界宗教へ 現代に至る変遷

Key 3

シーア派が分派

P80

◀

Key 4

イスラム帝国のはじまり

P82

◀

オスマン帝国によって地中海制圧

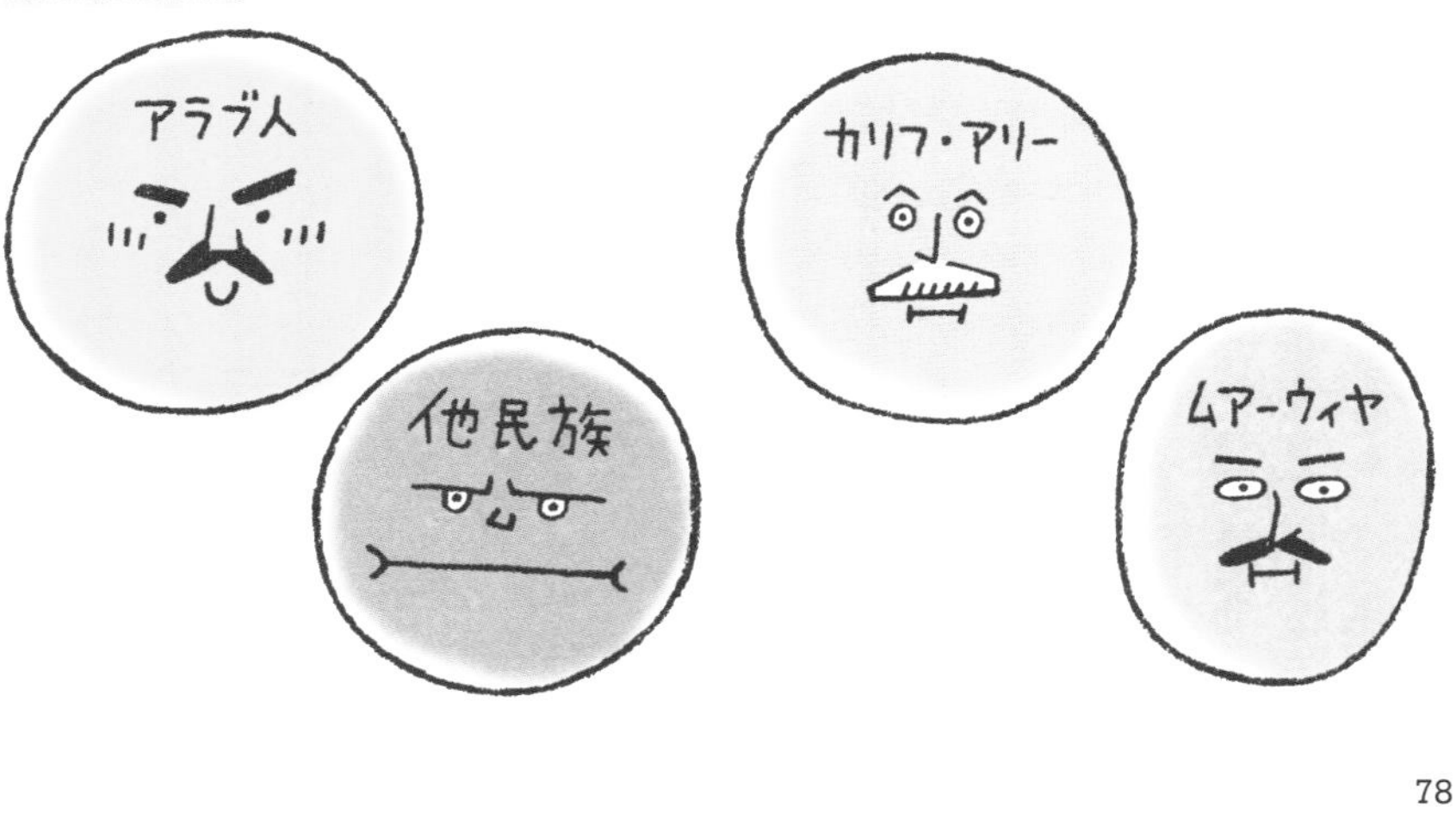

イスラム世界は、正統カリフ時代、シーア派の分派を経て、
王朝を変えながら版図を拡大していきます。
現代に至る歴史をたどりましょう。

イラン革命の指導者・
ホメイニ

オスマン帝国・
スレイマン1世

イスラム諸国の独立

イスラム再興の現代

Focus!

エルサレムの今

P86

モンゴル帝国とは… 1206年、モンゴルのチンギス・ハンが創始。ユーラシア大陸の広範にわたる領域を支配した。概して宗教に対して寛容な政策で知られる。

現代

Key 3

イスラム教

後継をめぐってシーア派が分派

カリフとイマームの違いとは？

シーア派はなぜ分派した？

ムハンマド没後、イスラム共同体の合議によってカリフにアブー＝バクルが選出されました。その後、イスラム暦を制定したウマル、コーランの編纂を命じたウスマーンを経て、4代目・アリーが就任します。これら合議で選ばれた4人を「正統カリフ」といいます。

しかし、アリーのカリフ就任をめぐって、ウスマーンと同じ

2つの教派が分裂する過程

ムハンマドの死後

632 〜 661年

- ウンマの合議でカリフが選出
- バクルにはじまり4人続く
- 中近東に版図拡大

4代カリフのアリーとウマイヤ家のムアーウィヤの対立

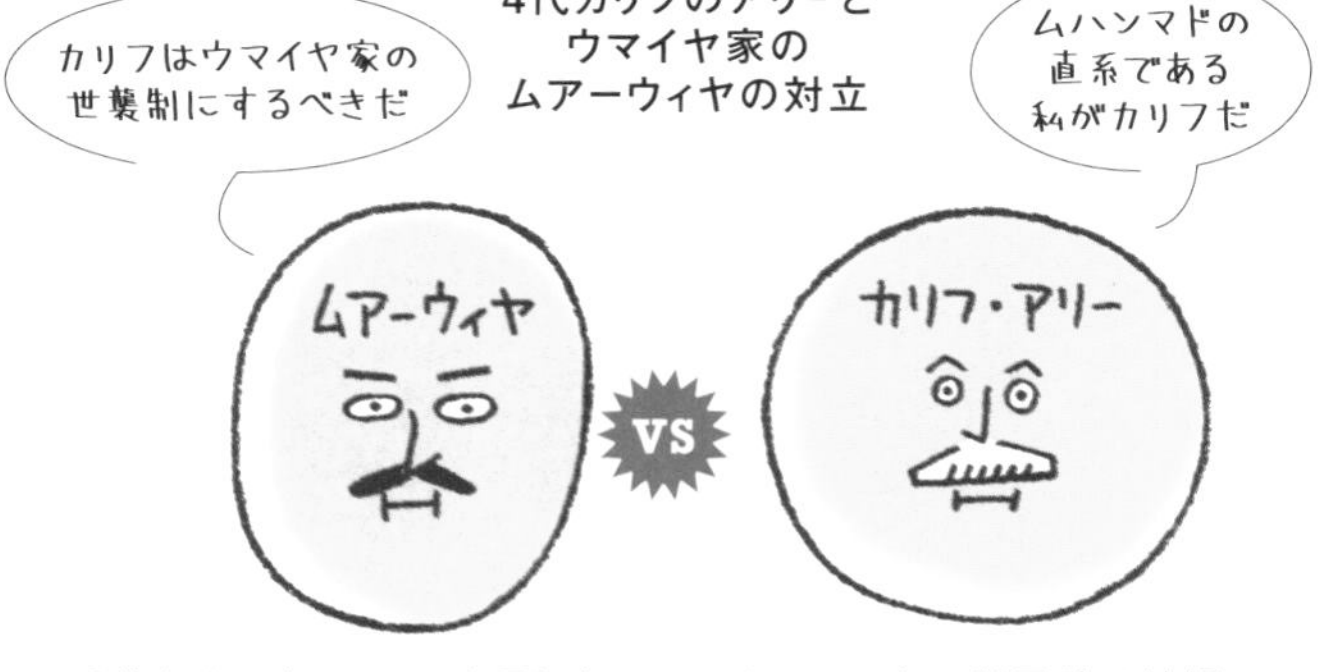

3代カリフ・ウスマーンと同じウマイヤ家。ウスマーン暗殺はアリーによるものと考えた。

→ スンナ派へ

ムハンマドの従兄弟で娘婿。のちに暗殺される。シーア派の初代イマームにあたる。

→ シーア派へ

ワッハーブ派とは… スンナ派の一派で、サウジアラビアの国教。コーランとスンナ（ムハンマドの言行）を重視する。

ウマイヤ家のムアーウィヤが反発します。その後、**アリーの子孫を「イマーム」（指導者）として認めるシーア派が分派し、それ以外がスンナ派**と称されるようになります。多数派のスンナ派、少数派のシーア派という構図は、今日まで変わらずに続いています。

両派は教義に大きな違いはありませんが、先述した背景から、**「ムハンマドの後継者をカリフとするか、イマームとするか」という見識が異なります。**

シーア派では、アリーとその子孫のみをイマームとし、ウマイヤ朝以降のカリフを認めていません。

カリフ？　イマーム？　二教派の違い

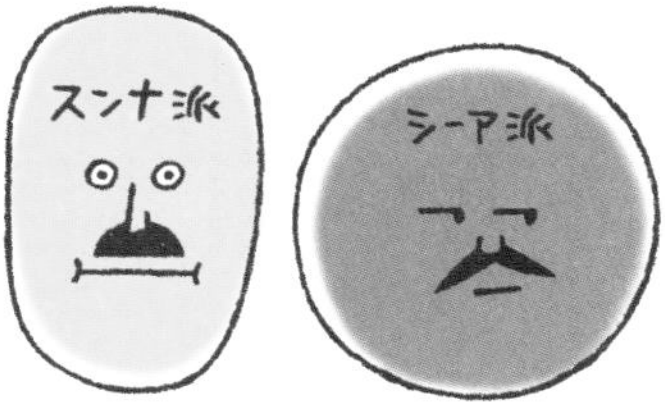

スンナ派

- イスラム教徒の約9割
- 歴代カリフを認める
- イマーム＝カリフを含む指導者一般を指す。教徒の合意のもとで選ばれる
- 礼拝は1日5回

シーア派

- イスラム教徒の約1割
- イマーム＝アリーとその子孫（途中でお隠れになったとする）
- イマームの継承をめぐり、さらに十二イマーム派などに分裂
- 礼拝は二つを一緒にして1日3回

現代の二派分布

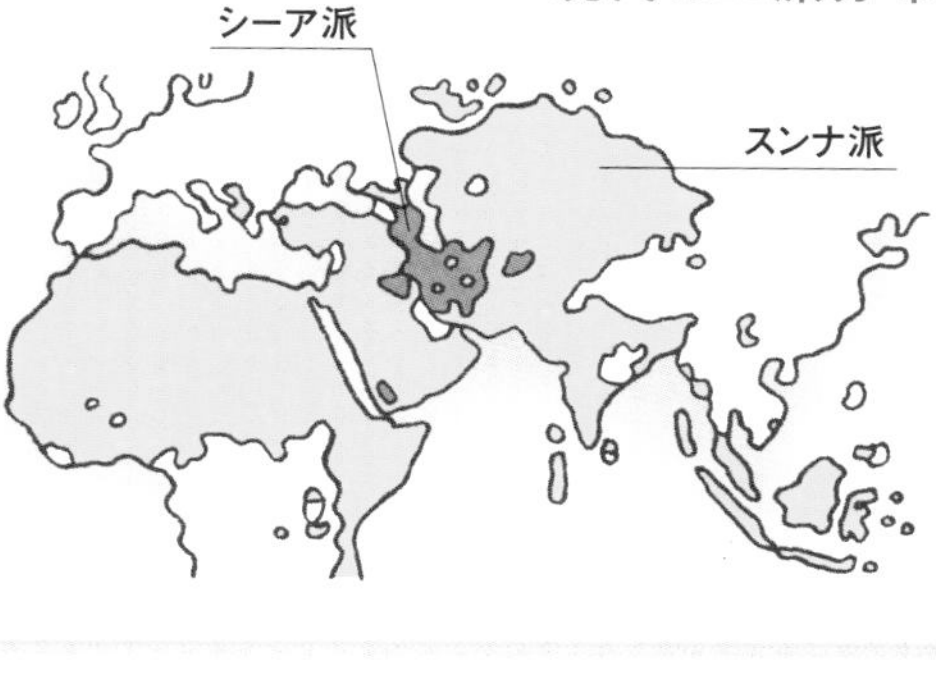

主要二宗派のなかにも各分派があるが、マップはスンナ派＆シーア派が多い国、少ない国を示したもの。“スンナ派の盟主”といわれるサウジアラビアをはじめ、エジプトやスーダン、シリア、トルコなどにスンナ派が多い。一方、シーア派はイランが筆頭。イラクやレバノン、イエメンにも多い。

十二イマーム派とは…　シーア派の最大派でイランの国教。ムハンマドの血縁であるアリーを初代イマームとし、その男系12代までをイマームとして認める。

Key 4 イスラム教

世界で拡大中！ 現代に至るイスラム教の広がり

アラブ帝国からイスラム帝国への変貌

661年、ムアーウィヤによってはじまったウマイヤ朝と、750年、同じスンナ派によって樹立したアッパース朝には、大きな違いがあります。ウマイヤ朝は、アラブ人のみを免税対象とし、他民族にはジズヤ（人頭税）、ハラージュ（地租）を課すアラブ人優遇国家。対するアッパース朝は、同じムスリムであれば、人種を問わず、土地税（ジズヤ）を平等に課しました。さらに、先述したイスラム法も、アッパース朝の時代に確立。**〝アラブ帝国〟から、ムスリム中心の統治が確立した〝イスラム帝国〟**に変貌したのです。

支配地域も、中近東から中央アジア、北アフリカにまで広がっていきます。支配したエジプトやギリシアなどは、古代文明が栄えた地であることから、イスラム教の文明も発展。

その結果、十字軍遠征の際に、イスラムの学問や火薬、砂糖などがヨーロッパに〝輸入〟されることになります。さらに、イスラム教はムスリム商人によって東南アジアにも伝播していきました。

ヨーロッパを驚愕させたオスマン帝国とは？

その後、モンゴル帝国の支配や、インドでムガル帝国、ペルシアでサファビー朝といったイスラム王朝の成立を経て、15世紀頃から、オスマン帝

ジズヤとは… 主に男性成人に課された税金。ウマイヤ朝では、イスラム教に改宗しても、非アラブ人であれば課された。

アラブ人優遇から開かれた宗教へ

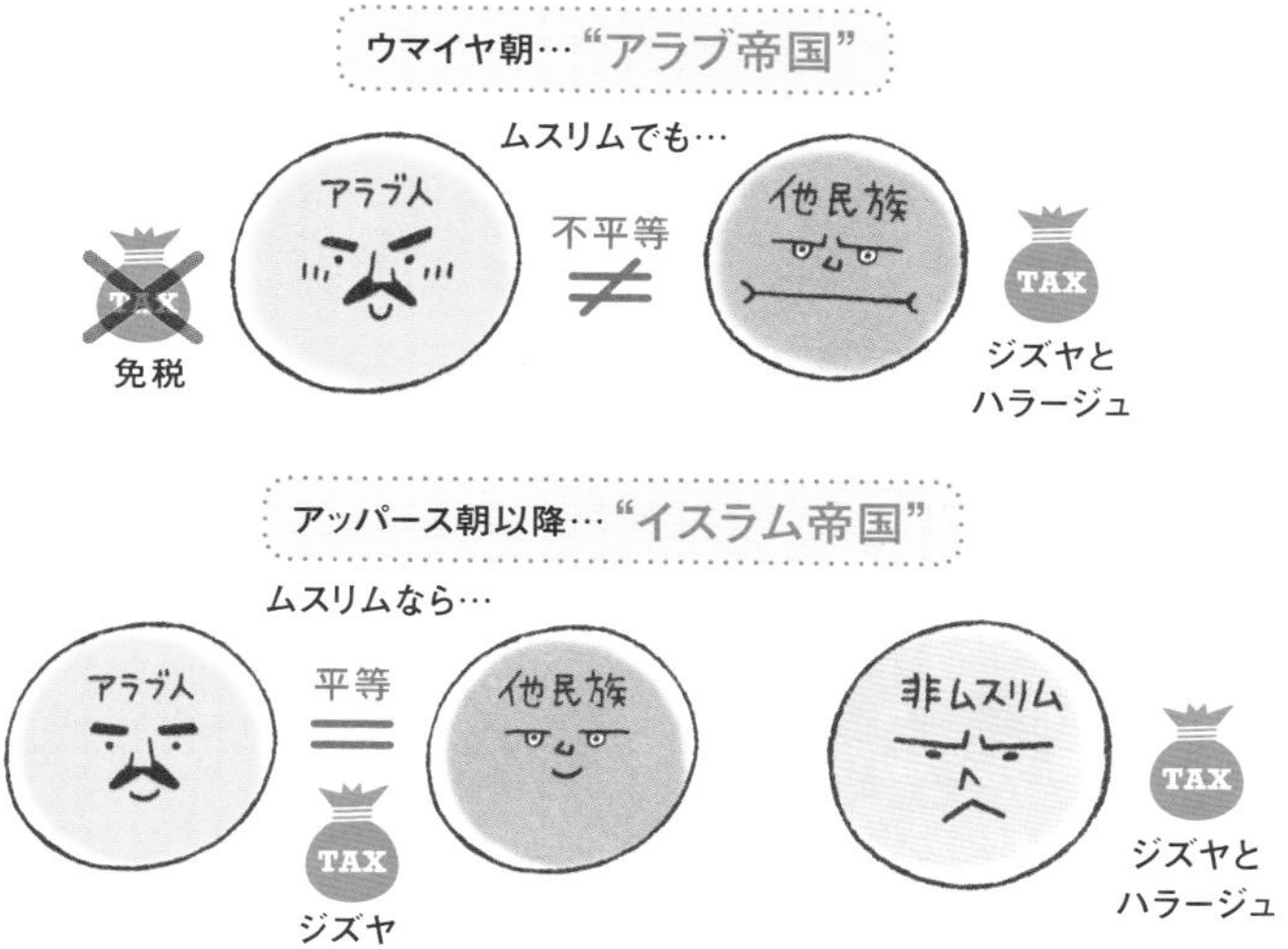

国が台頭。スンナ派の**オスマン帝国**は、**メフメト2世（1451～81）の時代にコンスタンティノープルを占領し、ビザンツ帝国（東ローマ帝国）を滅ぼします。さらに、スレイマン1世（1520～66）の治世で地中海全域を制圧するなど、ヨーロッパ諸国の脅威となりました。**

オスマン帝国では、領土内での宗教対立を避けるために、異教徒に寛容な政策を採用しました。非ムスリムには人頭税を課すかわりに、宗教ごとに共同体「ミッレト」内の自治を容認。それゆえ、迫害を逃れた多くのユダヤ教徒が、オスマン帝国に亡命したといいます。

オスマン帝国滅亡から イスラム再興運動の現代へ

その後、近代化が進むにつれて、オスマン帝国は弱体化。第一次世界大戦で敗れ、スルタン制、カリフ制は廃止され、長きにわたったイスラム帝

レコンキスタとは… 718年からはじまったカトリックによるイベリア半島に対する国土回復活動。1492年、イスラム王朝ナスル朝のグラナダ陥落によって終わりを告げた。

国の支配は終わりを告げます。英仏による統治を経て、１９２０年代にシリアやイラクなどのアラブ諸国が独立。こうした国々も、近代化と宗教の世俗化が進むかに思われました。

しかし、急激な近代化政策によって、イスラム諸国では貧富の差が拡大。民衆の不満がたまり、１９７９年、指導者ホメイニを中心とした十二イマーム派によるイラン革命（→P132）が勃発。これを機に**欧米追従から、改めてイスラム教の教義に戻ろうとする「イスラム復興運動」**が盛んに。そんななか、一部の教徒が過激化。２００１年に起きたアメリカ同時多発テロをはじめ、現代に続くまでテロが頻発しました。

近年、人口が減少傾向にある先進国に対して、イスラム諸国では増加しています。それゆえ、ヨーロッパを中心にムスリムの移民も増加。地域によっては、キリスト教文明とイスラム教文明の対立、分断が進むケースも少なくありません。

オスマン帝国台頭〜現代の主要トピック

13〜18世紀

オスマン帝国の全盛期

1453年、オスマン帝国はコンスタンティノープルを占領し、その後イスタンブールに改名。1538年には、プレウェザの戦いでスペイン・ヴェネツィア連合軍を破り、地中海の制海権を獲得した。また、イスラム教が東南アジアにも広がり、1526年にはインドでムガル帝国が誕生。

19〜20世紀

オスマン帝国の衰退&滅亡

イスラム帝国が解体し、多くのアラブ諸国が独立。一方、イギリスは、オスマン帝国の分割に際して、ユダヤ人国家設立、アラブ人国家設立をともにパレスチナに認める2つの密約を結んだ。この矛盾した外交が、その後の中東戦争の火種に。

現 代

イスラム復興活動の活性化

戦後、イスラム世界では、概して近代化・世俗化が進んでいたが、イラン革命を機にイスラム復興運動が活発化。イランとアメリカの対立が進み、イラン=イラク戦争（代理戦争）が起きている。一時、過激派によるテロ活動も頻発。

スルタン制とは…

主にオスマン帝国における最高君主の地位。オスマン帝国最盛期には、カリフの地位をも兼ねた。カリフ制の撤廃に先立ち、1922年に廃止。

西洋三宗教比較表

宗教	ユダヤ教	キリスト教	イスラム教
信徒数	約1500万人	約23億人	約14億人
起源	BC13世紀頃	1世紀頃	7世紀頃
開祖	特になし	イエス	ムハンマド
成立	預言者モーセがシナイ山で神と契約（十戒）を結び成立	預言者イエスをメシア（救世主）と信じる弟子たちによって成立	神の啓示を受けた預言者ムハンマドと弟子たちによって成立
種類	民族宗教	世界宗教	世界宗教
信仰対象／呼び名	ヤハウェ	三位一体	アッラー
教え	律法を守り、神の教えに従う	救世主イエスの復活を信じる	アッラーへの帰依や六信五行の実践を通して救われる
終末観	死後、最後の審判で天国（楽園）もしくは地獄行きが決まる		
聖典	タナハ、タルムード	旧約聖書、新約聖書	コーラン、ハディース
聖地	エルサレム（イスラエル）	エルサレム、バチカン、サンティアゴ・デ・コンポステーラなど	メッカ、メディナ、エルサレムなど
宗派	正統派、保守派、改革派など	カトリック各派、プロテスタント各派、東方正教会各派など	スンナ派各派、シーア派各派など
宗教施設	シナゴーグ	教会	モスク
入信の方法	基本的にユダヤ人のみ	洗礼の儀式を受ける	信仰告白をする
偶像崇拝	禁止	カトリック、正教会は可	禁止
安息日	土曜日	日曜日	金曜日
食のルール	カシュルートに沿ったルール	基本的になし	ハラールに沿ったルール

※宗派や立場によって異なる

Focus!

西洋
三宗教

三宗教が絡むエルサレム問題とは?

約1キロ四方に聖地が集結!?

三宗教が聖地に定める理由は?

エルサレムは三宗教にとって、重要な聖地です。まずユダヤ教ですが、『旧約聖書』において、預言者アブラハム(→P39)が、神の命じるまま、息子のイサクを生贄に捧げようとします。その姿を見た神は、彼の信仰心を認めます。このアブラハムが信仰を試された場所(岩)こそが、エルサレム神殿を建てた地(嘆きの壁)でした。

エルサレムをめぐる主な事件

	宗教	エルサレムをめぐる主な事件
BC1000年頃	ユダヤ教	ダビデの王が首都に定める
BC950年頃		ソロモン王が第一神殿建立
BC930年頃		イスラエル国が分裂。南のユダ国の首都に
30年頃	キリスト教	イエスがゴルゴダで処刑される
70年	ユダヤ教	ローマ帝国によって神殿が破壊される
336年	キリスト教	ローマ帝国が聖墳墓教会を設立
638年	イスラム教	正統カリフ時代に、エルサレム占拠
692年		ウマイヤ朝時代に、岩のドーム建設
1099年	キリスト教	第一回十字軍で、エルサレム占拠
1187年	イスラム教	アイユーブ朝がエルサレム奪回
1929年	ユダヤ教 イスラム教	「嘆きの壁事件」発生
1948年	ユダヤ教	イスラエル国の建国を発表
	ユダヤ教 イスラム教	中東戦争勃発
2017年	ユダヤ教	トランプ元大統領がイスラエルの首都と宣言

中東戦争

イスラエル(アメリカ支援)とパレスチナ(アラブ諸国支援)の戦争。第四次中東戦争の際は、オイルショックが日本に波及。

トランプに対する反発

トランプが突如エルサレムをイスラエルの首都と宣言。中東の和平合意を頓挫させる発表に、国内外で批判の声が挙がった。

パレスチナとは…　西アジアの地中海沿岸地方のこと。ヨルダン川西岸地区とガザ地区からなる自治区を意味する場合も。

一方、キリスト教にとってエルサレムは、イエスの死と復活が起こった地。ゴルゴダ（聖墳墓教会）には、イエスの墓があるとされます。

また、イスラム教では、アブラハムが信仰を試された同じ場所から、ムハンマドが天に昇ったとされます。ムハンマドは天で、アブラハムやモーセなどと出会い、再びエルサレムに帰還。その後、ムハンマドが飛び立った岩は、イスラム教徒たちによって屋根で覆われ、「岩のドーム」と呼ばれるようになります。

これらの聖地は、エルサレムの旧市街に集中しており、各教徒の居住区が分けられています。

エルサレム市街地の簡易マップ

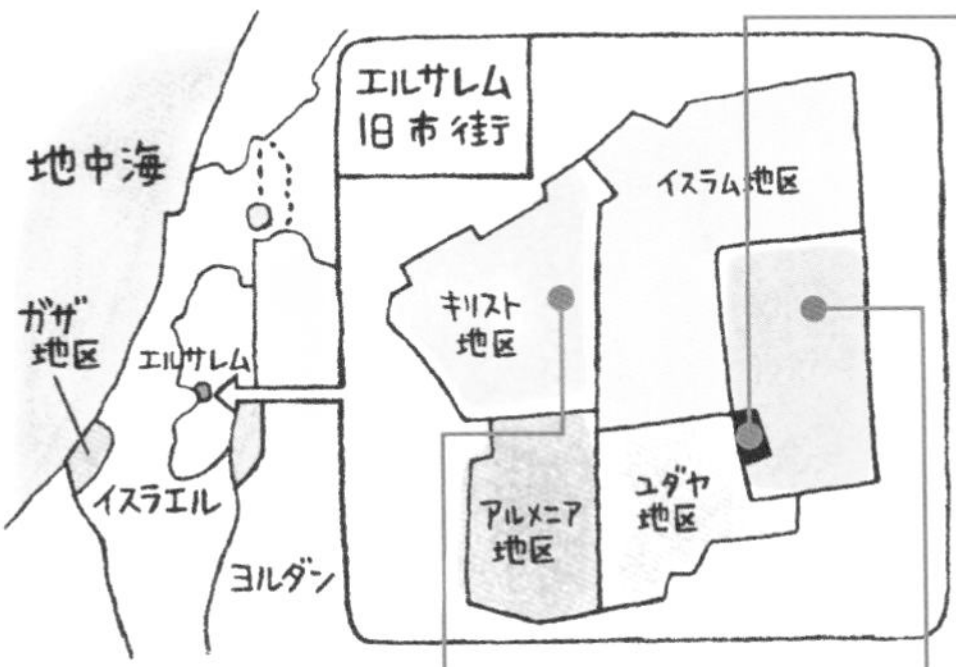

①嘆きの壁

ローマ帝国によって破壊されたエルサレム神殿の外壁の一部。ディアスポラ以降、ユダヤ民族統合のシンボルとして重要視されてきた。

②ゴルゴダの丘

イエスが処刑された地。4世紀にコンスタンティヌス1世によって「聖墳墓教会」が設立。教会の中心部には、イエスが埋葬された場所と伝わる小宮「エディクラ」がある。

③岩のドーム

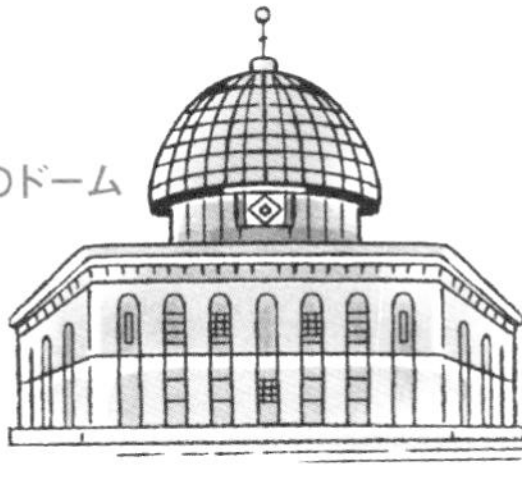

ウマイヤ朝時代の692年に創建。ムハンマドが天馬に乗ってメッカからエルサレムに飛来。その後、天に向けて飛び立った場所が、岩のドームとされる。

嘆きの壁事件とは…　1929年、一部のユダヤ人が嘆きの壁の前でイスラエル国家を歌うなど、アラブ人を刺激。パレスチナでユダヤ人入植者に対する襲撃が起きた。

宗教・バラモン教

インドと宗教の歴史

BC10世紀	**バラモン教** アーリア人のインド侵入後に誕生。祭儀と苦行を重視した。		
BC5世紀	**ヒンドゥー教** バラモン教が土着の信仰を吸収する形でヒンドゥー教に。		**仏教、ジャイナ教** 仏教は紀元前後に拡大するが、ヒンドゥー教の台頭などによって徐々に衰退。
15世紀	**シク教**	**イスラム教の進出**	
現代	**インド人の約8割がヒンドゥー教に分類される**		

バラモン教の聖典『ヴェーダ』

古

1. サンヒター（本集）
2. ブラーフマナ（祭儀書）
3. アーラニヤカ（森林書）
4. ウパニシャッド（奥義書）

新

狭義にはサンヒターのみを『ヴェーダ』とする。また、紀元前6世紀頃から編纂されたウパニシャッドでは、輪廻や梵我一如の思想が説かれた。

東洋思想の根幹をつくった

インドで誕生したヒンドゥー教と仏教。これら**東洋の二大宗教に大きな影響を与えたのが、古代宗教・バラモン教です**。インダス文明の衰退後、西方からインドに侵入してきたアーリア人によって生み出されました。

バラモン教はさまざまな神々が信仰される多神教です。このバラモン教が浸透

ヴァルナ制とは… バラモン、クシャトリア（貴族）、バイシャ（平民）、シュードラ（奴隷）からなる身分制度。のちにカースト制（→P108）に発展。

東洋宗教

輪廻や解脱を生んだ重要

東洋宗教の死生観　輪廻と解脱

バラモン教から受け継がれたもの① 輪廻

生前の行いはカルマ(業)として蓄積され、それによって生まれ変わり先が決まるという輪廻思想。修行によって、②の梵我一如を悟った者のみが、輪廻を抜け出す＝解脱することができる。

今の身分が苦しくても、業によって
よい身分に生まれ変われるかもしれない…

身分制度(カースト制)の維持

仏教の輪廻との違い

バラモン教では個人を実体のあるものとしてとらえるが、「空・無」が根本の仏教では「無我」を悟ることが解脱する道とされる。

バラモン教から受け継がれたもの② 解脱

恐れるべき「輪廻」をどう逃れるか?

修行によって真理を“悟る”

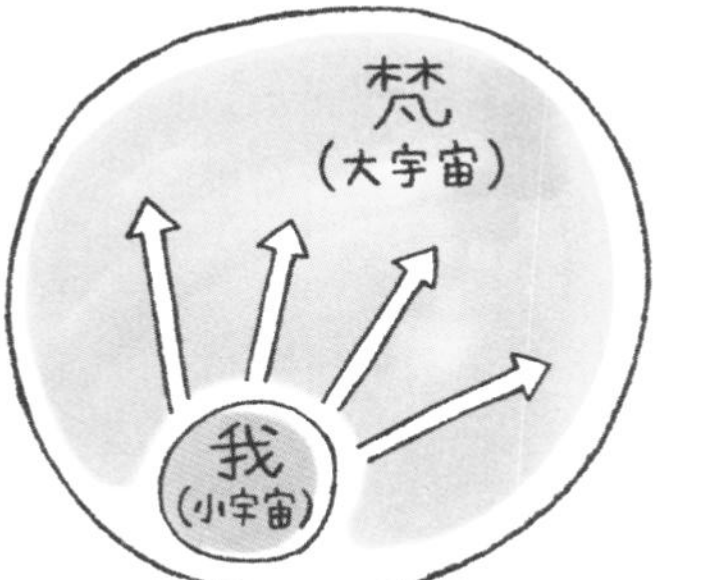

梵我一如

宇宙の根本原理・梵(ブラフマン)と、個人の本質・我(アートマン)は同一のものであるという考え方。この真理を悟った段階で、宇宙と個人は一体化すると考えられた。

するにつれて、神々よりも祭儀そのものが重視されるようになります。その結果、司祭階級・バラモン優位の身分制度「ヴァルナ制」が誕生しました。

さらに、BC6世紀頃にかけて、聖典『ヴェーダ』が成立。生前の行い・業(カルマ)によって、生まれ変わり先が決まるという「輪廻」や、悟りによる「解脱」といった東洋の根幹といえる思想が生まれました。

サンヒターとは…　『リグ・ヴェーダ(賛歌)』『サーマ・ヴェーダ(歌詠)』『ヤジュル・ヴェーダ(祭詞)』『アタルヴァ・ヴェーダ(呪詞)』の4つから構成される。

仏教

ブッダの“悟り”と仏教のはじまり

Key 1

ゴータマ・シッダールタの誕生

P92

Key 2

シッダールタが悟り、涅槃に入る

P94

インド全土に広がる

ブッダの悟り

ブッダ

涅槃とは…　悟りを開くこと、あるいは釈迦などのブッダ（悟りを開いた人間）の死を指す。解脱によって煩悩から脱した境地。

日本人にもなじみ深い仏教。そのはじまりには、
ゴータマ・シッダールタ（釈迦）がブッダに至る“悟り”がありました。
そんな釈迦の生涯と仏教の教義について紹介します。

ダライ・ラマ

アショーカ王

仏典結集

◀

アジア各国へ広がるが、インドでは衰退

アショーカ王とは… インド最初の統一王朝、マウリヤ朝の王。ダルマ（仏法）に基づいた政治を行うなど、熱心な仏教徒だった。スリランカへの布教政策でも知られる。

Key 1

仏教

菩提樹の下で"目覚めた" ゴータマ・シッダールタ誕生

裕福な王子が仏教の開祖になるまで

のちの仏教の開祖、ゴータマ・シッダールタは、BC6世紀頃に釈迦族の王子として誕生。裕福に暮らし、16歳で結婚します。

しかし、生老病死をはじめとする世界の苦しみについて思索するようになり、29歳で出家を決意。バラモン教に沿った苦行に励みはじめます。

ところが、●**徐々に苦行では悟りに至れないと考えるように**

●35歳で"目覚めた"シッダールタの生涯

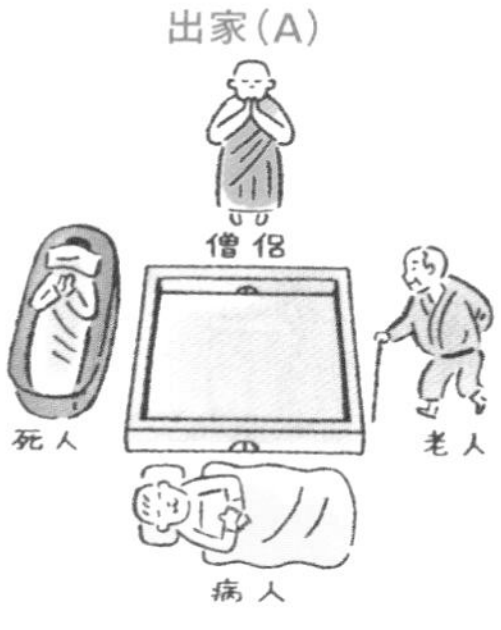

釈迦が城を出る際、東門で老人に、南門で病人に、西門で死人に、そして北門で僧侶に出くわしたことから、この世の苦しみに気づき、出家を決意したという。

	主な出来事	概要
0歳（BC600年～）	誕生	現在のインド、ネパール付近で生まれ、「ゴータマ・シッダールタ」と名付けられる
16歳	結婚	ヤショダラ姫と結婚
29歳	出家(A)・苦行(B)	世俗の苦しみを目にし、出家。その後、6年にわたって苦行を自らに課す
35歳頃	悟り(C)	苦行を終えたのち、菩提樹の下で瞑想し、悟りを開く
	初転法輪	仲間5人に対し、はじめての説法（初転法輪）を行う
	教団結成	1000人を超える教団を結成
	祇園精舎	商人スダッタに寺院「祇園精舎」を寄進される
80歳	入滅(D)・涅槃	クシナガラの沙羅双樹の下で涅槃に入る

ブッダへ

大乗経典とは… 紀元前後、大乗仏教の広がりとともに編纂された経典の総称。『般若心経』『法華経』など多数。

なった釈迦は、バラモン教から離れ、菩提樹の下で瞑想。そこで悟りを開きました。一般に、これ以降の釈迦をブッダと呼びます。その後、ブッダは各地を布教してまわり、故郷に向かう道中、沙羅双樹の下で亡くなりました。ブッダの死は輪廻からの完全な解脱ととらえられ、「涅槃に入った」といわれます。

　こうしたブッダの生涯、悟りの体験は、仏教と一神教を比較する上で重要な意味をもちます。つまり、一神教では、神に帰依することで救われると説きますが、仏教では、個々の心の成熟によって救われることが、教義の根本に置かれたのです。

苦行（B）

苦行林に入り、断食などの苦行に励んだ。しかし、苦行では悟りに至れないことを感じる。

悟り（C）

菩提樹の下で瞑想。煩悩に打ち勝ち、ついに悟りの境地に達した。これ以降、ブッダといわれる。

入滅（D）

約45年にわたって布教に励んだのち、ルンビニに向かう道中、弟子に見守られながら入滅した。

代表的な仏典は？　聖典との違いは？

般若心経

経典のなかでは短いことで知られる。「空」の思想など、悟りに至るための本質が端的に記されている。

法華経

代表的経典のひとつ。在家信者や女性を含めて、誰もが平等に成仏できるという思想が説かれている。

仏典結集を経て、ブッダの教え「経蔵」、僧たちの生活規則「律蔵」、僧たちによる解説「論蔵」の3種類に分けられた。これを「三蔵」という。以降、宗派分裂などもあり、無数の仏典が生まれ、一神教のような絶対的な“聖典”は存在しない。

サールナートとは…　現在のインド北東部に位置する、ブッダがはじめての説法「初転法輪」を行った場所。修行をともにした5人を相手に行われた。仏教の聖地のひとつ。

Key 2

仏教

縁起、中道、四諦八正道……
ブッダが悟った内容とは？

苦しみの原因・煩悩はなぜ生まれる？

人生は、生老病死といった苦しみにあふれているが、個々の心の変化によって克服できる——それがブッダが悟った内容の本質です。

そうした苦しみの原因について、仏教では、お金に対する欲望や他人への憎しみといった「煩悩」にあるといいます。

煩悩を消し去るためには、苦しみを感じる主体である〝自分〟

ブッダの教え＝仏教の根本教義に

1. 物事の"道理"を説いた　縁起

世の中の現象は、直接的な原因「因」と間接的な原因「縁」によって生まれる（生起）という教え。苦しみの原因を突き止めることで、煩悩から解放される。

2. 修行の"程度"を説いた　中道

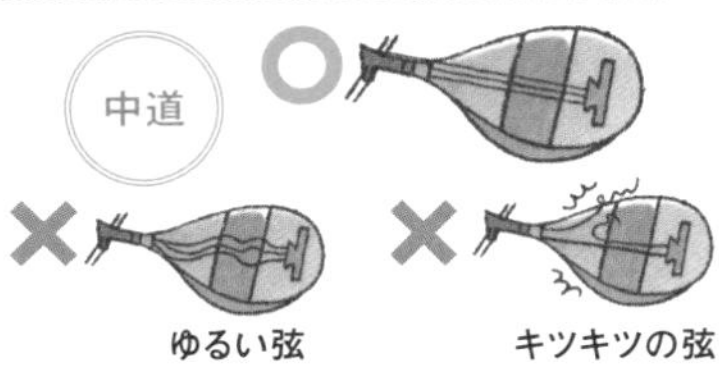

バラモン教のような過度な苦行、あるいは快楽的な行動では悟りに至ることはできないとし、それらの中間の状態で修行に励むべきとした。

入滅とは…　涅槃とほぼ同義で、煩悩を消し去った状態。また、ブッダ（成仏）を目指して努力する人を菩薩という。

という実体は存在しない（空）という「無我」、世界は生成と消滅を繰り返していて、永遠不変のものはないという「無常」を、心から自覚すること。そうすれば、誰でも救われると説きました。

このような根本に基づいて、**仏教の教えは弟子たちによって体系化**されていきます。

たとえば、苦しみなどが発生するメカニズムを説いた「縁起（因縁生起）」、悟るために苦行でも快楽主義でもない「中道」を目指すこと、世の真理（四諦）を知り、正しい生活・方法（八正道）によって苦を消せることを示した「四諦八正道」などが挙げられます。

3. 真理と実践法を説いた　四諦八正道

この世の苦しみ（生老病死）

▼

悟りに向けて理解すべき　4つの真理（四諦）

苦諦	集諦	滅諦	道諦
人生は思い通りにならず、苦しみに満ちている	苦しみは欲望や執着心（煩悩）から生まれる	苦の原因、煩悩を消し去ることで涅槃になれる	涅槃になるための具体的な方法がある

悟りに向けて実践すべき　8つの方法（八正道）

正見	正思惟	正語	正業
無常を自覚し、正しいものの見方をする	物事を正しい道理で考え、認識する	嘘や悪口は避け、正しい言葉で語る	殺しや姦淫をせず、正しい行いをする

正命	正精進	正念	正定
正しく健全な生活を送る	善行を続けることに励む	邪念を捨て、ブッダの教えを正しく受け入れる	正しい瞑想を通して、精神を統一する

十二縁起とは…　苦が発生する過程を12段階で示したもの。1つ目の無明（無常などに関する無知）が、2つ目の行（業）を引き起こして苦しみが生まれるとした。

仏教

インドからアジアへ 現代に続く仏教の形

Key 3

大乗仏教と上座部仏教に分裂

P98

Key 4

密教の誕生

P100

インドで衰退

曼荼羅

大乗仏教の大成者・龍樹

曼荼羅とは… 密教において、その真理と悟りの境地を示した図柄（絵）。「胎蔵曼荼羅」、「金剛界曼荼羅」が有名。日蓮宗の本尊も「大曼荼羅」といわれる。

ブッダの入滅後、仏教は分裂を繰り返していきます。
インドで衰退する一方、アジアに広がっていった仏教。
現代に至る歴史と仏像の世界について見ていきましょう。

三蔵法師

アジアで普及

◀

Key 5

仏像の浸透、そして現代へ

P102

空海

五戒とは…　在家信者が守るべき戒律。具体的には殺生、盗み、淫行、嘘をつくこと、飲酒の5つから離れるべき、とされる。

Key 3

仏教

日蓮宗や浄土宗の起源誕生！

上座部と大乗の違いとは？

出家せずとも成仏できる大乗仏教

紀元前3世紀頃、戒律重視の上座部と、布教が中心の大衆部に分裂。それらはさらに枝分かれし（部派仏教）、最終的には**上座部仏教と大乗仏教という二つの流れが生まれました。****大乗仏教は、大乗＝「大きな乗り物」を意味する通り、民衆の救済を説いています。**そのため、修行を積むことで成仏できるという基本的な考え方は

保守派&進歩派に分裂→アジアへ

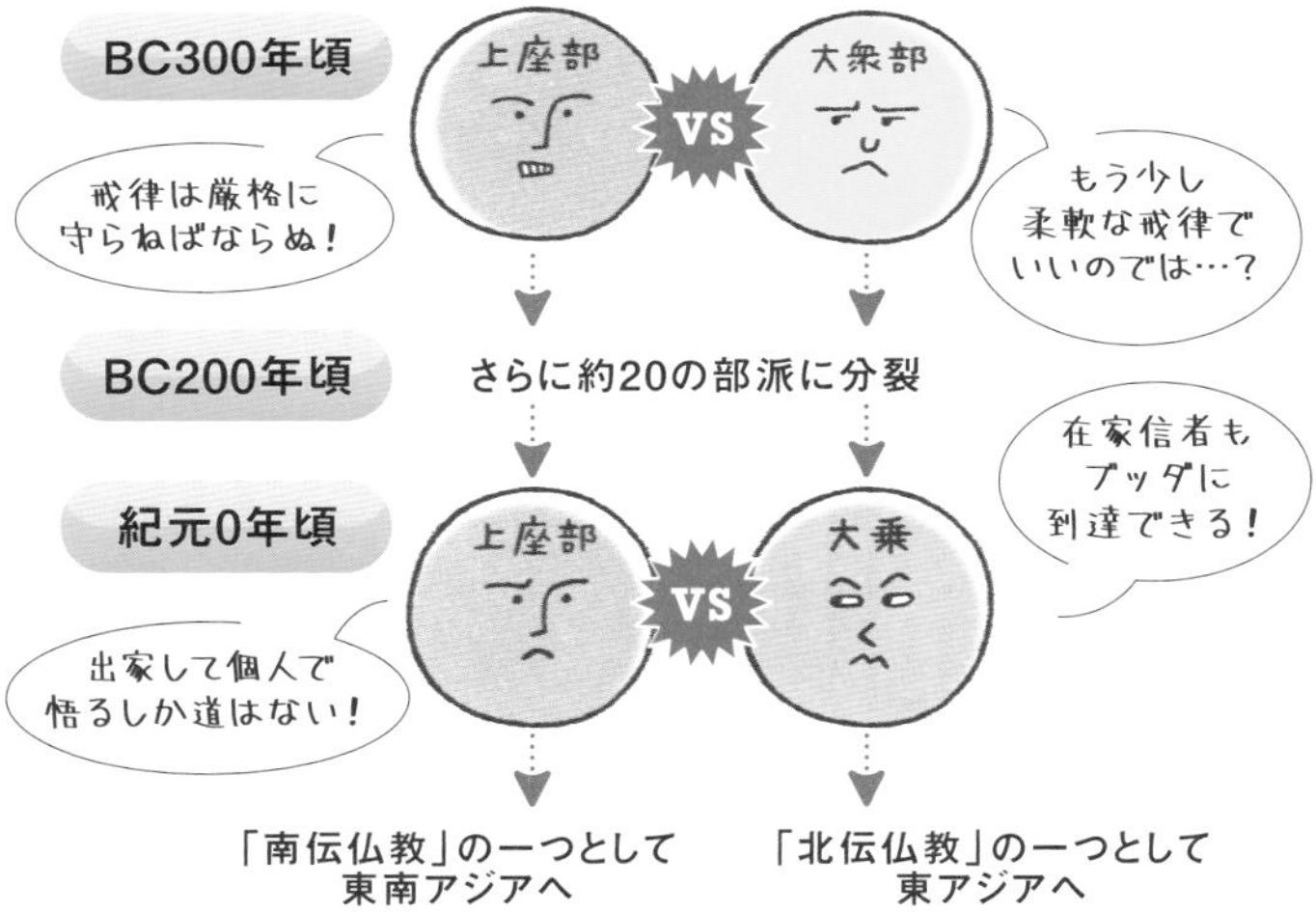

大乗仏教を発展させた“天才思想家”

天才思想家・龍樹はあらゆるものが「空」であることを強調。「縁起」（P94）も、縁→起という一方向ではなく、共依存にあり、独立して存在しないことを説いた。この考えは、出家する・しないの執着まで捨てるべきとする大乗仏教の理論的支柱に。

六波羅蜜とは… 施す（布施）、戒律を守る（持戒）、忍耐する（忍辱）、努力する（精進）、心を静める（禅定）、真実を知る（智慧）の6つのこと。

変わりませんが、民衆救済の拠り所として「如来」や「菩薩」を信仰対象に認め、在家信者でもブッダになれることを説きました。

実際、念仏「南無阿弥陀仏」を唱え、菩薩などの他力を積極的に借りることで極楽浄土に往生できるとする浄土信仰、すべての衆生は必ず救われるとし、経典自体を信仰対象とする法華信仰などが誕生。上座部仏教とは異なる道を歩みはじめました。

その後、スリランカやミャンマー、タイといった南に伝わった南伝仏教の主流が上座部仏教、チベットや中国、日本に伝わった北伝仏教の主流が大乗仏教になります。

大乗&上座部仏教　徹底比較

	上座部	大乗
修行の目的	個人の自力による悟り（解脱）	利他の行いによる民衆の救済
救われる対象	出家して修行した人	すべての人
僧侶以外の宗教行為	僧侶へのお布施など	如来や菩薩に祈る
生活	托鉢が中心	寄進も受ける
最終理想	阿羅漢（最高の悟りに達する）	ブッダになる
修行方法	戒律を実践	六波羅蜜を実践
信仰対象	釈迦	釈迦、如来、菩薩ほか
経典	三蔵（経蔵、律蔵、論蔵）	般若心経、法華経、阿弥陀経など

瞑想？　托鉢？　僧侶の生活

鉢をもち、経文を唱えながら食べ物や金銭の施しを乞う修行。

日常生活の欲望を忘れ、「無」の境地を目指す修行。

主に読経や合掌といった実践。

小乗仏教とは…

上座部仏教で最大勢力だった説一切有部という部派を“小乗”とする、大乗側からの呼び名。上座部側は自らを“小乗仏教”としていない。

Key 4

仏教

インド仏教の最終形態・密教

悟りの過程を〝絵〟で理解!?

同じ密教でも内容はまるで違う?

大乗仏教が発展していく一方、インドではヒンドゥー教が台頭。**仏教再興に向けて、ヒンドゥー教の土着信仰と融合して生まれたのが密教です。**

密教は、初期の段階では教義として体系化されておらず、神秘的な真言、陀羅尼を唱える信仰形態でした。その後中期にかけて、教えが体系化されていき、「大日経」、「金剛頂経」といっ

密教誕生→日本、チベットへ

初期(4 ~ 5世紀)

バラモン教のマントラ(呪文)に影響を受けて成立。真言･陀羅尼を唱えることで現世利益を願う。

中期(6 ~ 7世紀)

ブッダが説法する大乗経典とは異なり、大日如来による説法として密教経典が編纂。『大日経』『金剛頂経』が完成すると、さまざまな曼荼羅が生み出されていった。

①曼荼羅の誕生

『胎蔵界曼荼羅』『金剛界曼荼羅』が有名。救済や、悟りへのプロセスなどが示された。

②空海&最澄の活躍

両者とも804年に入唐(中国)し、密教を学んだのち帰国。中期密教が日本の仏教における主流に。

後期(7 ~ 8世紀)

男性原理と女性原理の合体を示す偶像･ヤブユム(男女共尊)を信仰の対象にするなど、官能的な教えに変貌。

チベット仏教とは?

後期密教が伝来したチベットで発展。如来や菩薩などの化身として、ラマと呼ばれる高僧を尊崇する。ニンマ派、カギュー派、ゲルク派、サキャ派の4大宗派があり、ダライ･ラマ14世が法主を務めるゲルク派が最大。

陀羅尼とは…

サンスクリット語でダーラニー。密教の呪文で、真言(真理を表す言葉、仏の言葉)とされる。

た経典が編纂。密教の世界観を示す曼荼羅が生まれ、大日如来を中心に諸尊が描かれました。

また、**天台宗の開祖・最澄と真言宗の開祖・空海が日本にもたらした**のも、この中期密教にあたります。

しかし、インドでの仏教衰退は止まらず、後期はむしろヒンドゥー教に接近。理論より実践を重視し、性的な結合を肯定的にとらえるなど、官能的な教えに変貌していきました。この後期密教がやがてチベットに伝わり、チベット仏教として発展していきます。同じ密教でも、日本とチベットで教えが異なるのは、こうした背景が関係していたのです。

アジアを席巻！　仏教の伝播ルート

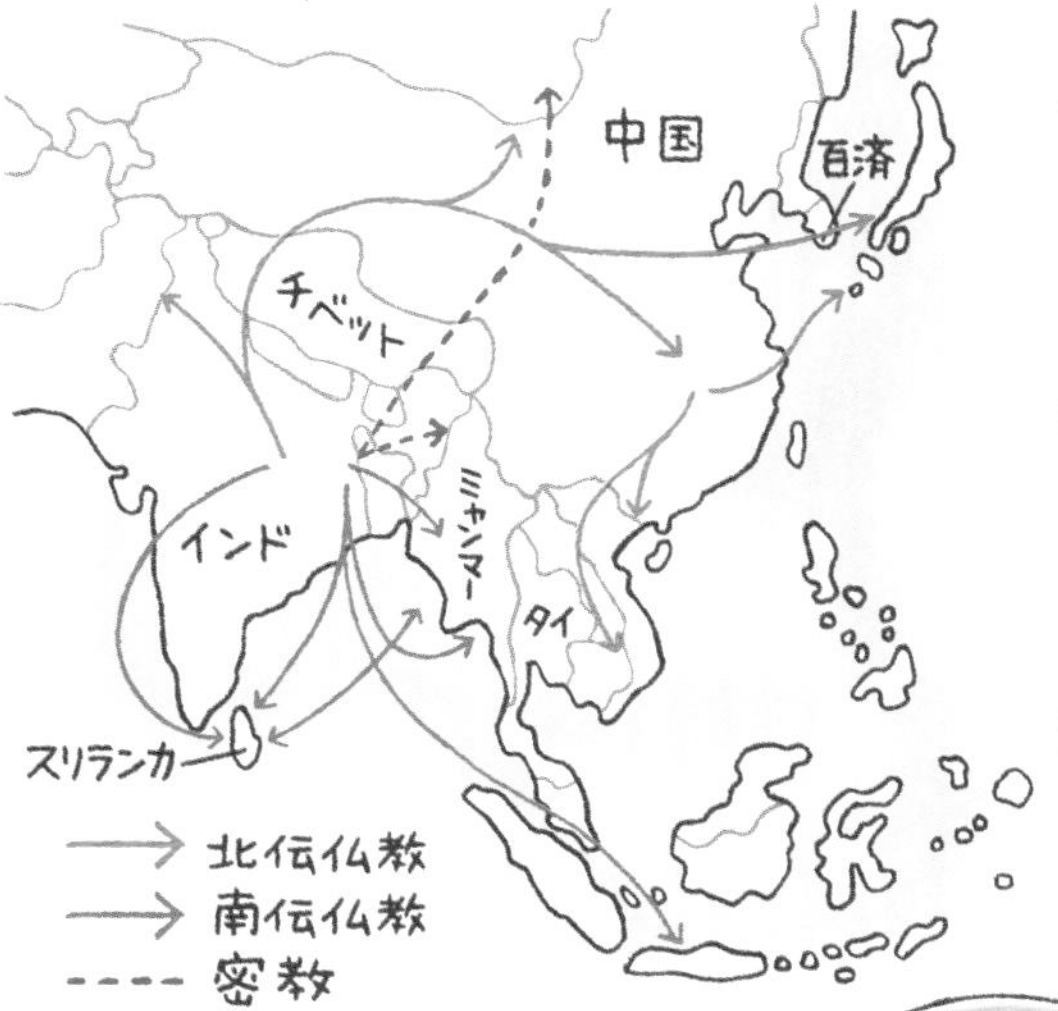

上座部仏教

南方を経てBC3世紀頃にスリランカに伝わり、その後、タイやミャンマーなどに伝わった。

大乗仏教

北方を経て1～7世紀頃に中国に伝播。その後、ベトナムや、百済（韓国）を経て日本に伝わった。

チベット仏教

北伝仏教の一つに、後期密教（チベット仏教）も挙げられる。7世紀頃に伝来した。

三蔵法師のモデル・玄奘の旅

インドの仏典を中国にもたらしたのが玄奘だ。629年に長安（中国）を出発し、645年に600部以上の原典を持って帰国。ほかに、中央アジア出身の鳩摩羅什による翻訳も有名。

大日如来とは…　真言密教の教主で、代表的な2つの曼荼羅、胎蔵界・金剛界の主尊。ちなみにチベットでは金剛薩埵などが大日如来を超える存在として尊崇される。

Key 5

仏教

深遠なる仏像の世界

如来と菩薩、どう見分ける？

そもそも、如来や菩薩は何が違うのか

バラモン教と同様、仏教では当初、仏像はつくられませんでした。最初に釈迦の仏像がつくられた地については、西北インドのガンダーラ説や中インドのマトゥラー説がありますが、はっきりとした起源はわかりません。その後、大乗仏教の成立によって、2世紀頃、如来や菩薩をはじめとする仏像づくりが広がったと考えられています。

まず**仏の最高位・如来は、悟りを開いた存在**を指します。それゆえ、無欲さを表すかのような質素な身なりが特徴です。仏教の開祖、お釈迦様を表した「釈迦如来」や、阿弥陀信仰によって万人を悟りに導く「阿弥陀如来」、病から救う力をもった「薬師如来」などが挙げられます。

すでに悟りを開いた如来に対して、**悟りを開く前の求道者を菩薩**といいます。広く信仰されてきたのが「観音菩薩」です。観音菩薩は、〝聖観音〟〝千手観音〟〝十一面観音〟など、さまざまな姿に変身して、救済に訪れます。こうした「変化《へんげ》」や、千手観音のようにたくさん手があるのは、多くの民衆を救済するためとされます。ほかに、地上に降臨するまで56億7000万年かかるとされる「弥勒菩薩」や、地獄から救ってくれる「地蔵菩薩」などがあります。

こうした如来と菩薩に次ぐ位とされるのが、明王です。密教から生まれたとされる明王は、仏

七福神とは…
室町時代末期に形成。恵比寿、大黒天、毘沙門天、福禄寿、弁財天、寿老人、布袋からなる。

仏像の種類と見分け方

如来
- お釈迦様の姿が起源
- パンチパーマ風の髪型（螺髪）
- 質素な服装
- 蓮の花に座ることが多い
- 大日如来のみ華美

菩薩
- 装飾品多め（地蔵菩薩は質素）
- 如来の脇侍になることも
- 両肩から左右に天衣を垂らす

明王
- 恐ろしい表情
- 武器や蛇などをもつ
- 手足の数などが違うことも
- 大日如来の化身

天部
- ヒンドゥー教起源→仏の守護神に
- 七福神も含まれる
- なかには半身半獣も
- バラエティ豊か

教の教えに従わない人を屈服させる存在。それゆえ、牙が生えたり、睨みつけるような目をしたりと、憤怒の姿が特徴です。「不動明王」や「愛染明王」、「孔雀明王」などが有名です。

七福神にインドが関係している理由

仏像の分類で**明王に次ぐ位にあるのが天部**です。仏法の守護神「福徳神」などが含まれる天部は、そのほとんどが、古代インド（ヒンドゥー教）の神々に起源をもちます。これは、神々がシルクロードから伝わってきた際、中国や日本宗教の影響を受けたことに由来します。

たとえば、〝縁起もの〟として信仰される七福神の一つ、大黒天は、ヒンドゥー教の暗黒神マハーカーラと神道のオオクニヌシが習合したもの。他の七福神をはじめ、「帝釈天」や「梵天」なども、インドの影響を受けています。

仏像の配置とは…　日本では、中央に本尊、両脇に位が低い仏を置くケースが多い。大日如来を中心に、如来や菩薩、明王、天部を置く東寺の立体曼荼羅が好例。

ヒンドゥー教

インド文化の"土台" ヒンドゥー教

Key 1

バラモン教からヒンドゥー教へ

P106

Key 2

カースト制など教義の成熟と浸透

P108

紀元頃

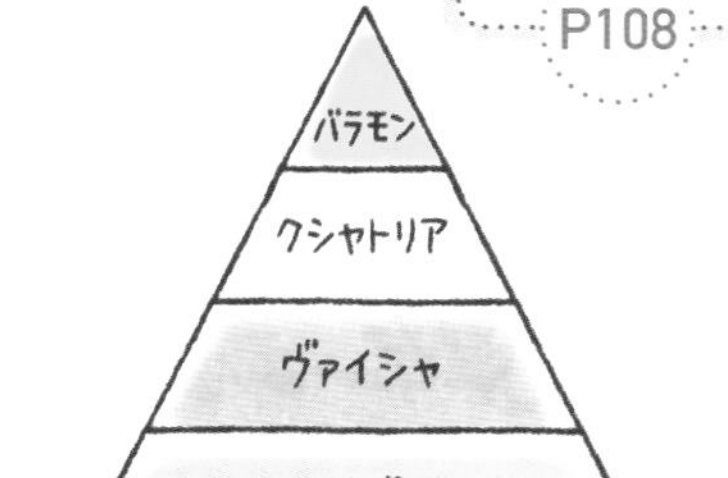

ヒンドゥー教の三神

ジャイナ教とは… マハーヴィーラを開祖に、仏教とほぼ同時期にインドで生まれた宗教。司祭中心のバラモン教を批判した。厳格な不殺生の教えで知られる。

世界第3位の宗教人口をもつヒンドゥー教。
カースト制をはじめとする教義の中身や教徒の習慣・食事、
現代に至る歴史を見ていきましょう。

Key 3

イスラム王朝の成立

イギリスによる植民地化

P110

インド・パキスタン分離独立

Focus!

ヒンドゥー教の習慣

P112

ナーナクとは…
シク教の開祖。イスラム教の影響を受けて、カースト制などのシステムを批判した。ターバンを巻いたナーナクの姿が現在のシク教徒に受け継がれた。

Key 1

ヒンドゥー教

ヨーガ？三大神？

バラモン教を受け継いだ教義の全貌

ヒンドゥー教ってどんな宗教？

紀元前後、衰退傾向にあったバラモン教ですが、土着信仰や仏教の要素を取り入れる形で、復活していきます。便宜上、再興以降のバラモン教をヒンドゥー教と呼びます。

ヒンドゥー教は、古代バラモン教を受け継ぎながらも、徐々に**独自の信仰システムを確立**。例として、三大神の信仰、より体系化された身分制度・

バラモン教の“進化系”＝ヒンドゥー教

バラモン教		ヒンドゥー教
インドラ、ヴァルナを中心とする神々	**神々**	ブラフマー、ヴィシュヌ、シヴァの三大神信仰が中心
『ヴェーダ』（→P88）	**聖典**	ヴェーダに加えて、『マハーバーラタ』『ラーマーヤナ』も尊重
ヴァルナ制	**身分制度**	カースト制が成立

役割が異なる三大神

宇宙の根本原理・ブラフマンを人格化したブラフマー、世界を維持する役割を担い、化身で地上に姿を表すヴィシュヌ、新たな世界を破壊によって導くシヴァからなる。

二つの“準経典”

4世紀頃に成立したとされる叙事詩『マハーバーラタ』『ラーマーヤナ』。部族間の戦争などが描かれ、マハーバーラタには“クリシュナ”、ラーマーヤナでは“ラーマ”の名でヴィシュヌの化身が登場。神々と人間の関係を示した神話として受け入れられた。

カースト制の成立などが挙げられます。一方、究極的な目標は、仏教と同様、輪廻から解脱すること（↓P89）。その方法は、ヒンドゥー教では**日常生活と宗教的行為で分かれています。**

まず、日常生活では、人生の三大目的に沿って生活すること。「ダルマ」（法）、「アルタ」（利益）、「カーマ」（愛欲）を指します。次に宗教的行為は、仏教の座禅に相当するヨーガと、神々に対する帰依・バクティ（信愛）が挙げられます。

こうした日常生活と宗教行為の実践を通して、解脱（梵我一如）を目指すことが、ヒンドゥー教の基本といえるでしょう。

ヒンドゥー教で説かれる解脱の方法

現世＝苦

日常

ダルマ（法）
カースト制や儀礼、行事、なかには宇宙論まで記された法体系『マヌ法典』に沿った生活規範。

アルタ（利益）
ダルマに反しない範囲で、政治・経済を通して富や財産といった世俗の実利を追求すること。

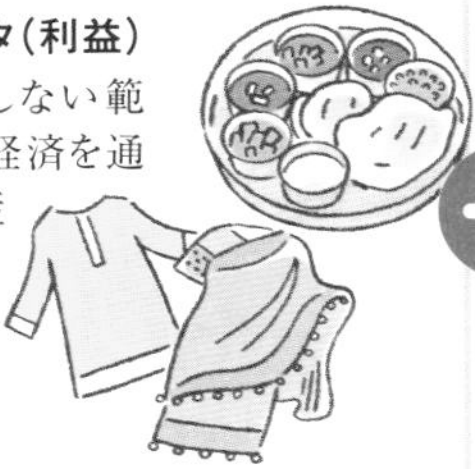

カーマ（愛欲）
サンスクリット語で「愛欲」を意味する通り、愛や欲望の肯定。優美な芸能なども含む。

＋

宗教的行為

バクティ（信愛）
神に対する絶対的帰依。三大神のなかでも特に信仰する対象によって、ヴィシュヌ派、シヴァ派などが生まれた。

ヨーガ（瞑想）
仏教の座禅にあたる。身体に眠る性的な力を覚醒させ、エネルギー源といえるチャクラを開くことを目指す。

チャクラとは…
輪、車輪を意味する。会陰から頭頂にかけて全7ヵ所あり、これらを開放することで、精神、肉体が活性化され、心身が整うとされる。

Key 2

ヒンドゥー教

職業は世襲制？
現代に続くカースト制とその実態

カースト制はなぜなくならない？

●インド社会には、ヒンドゥー教によるカースト制が敷かれています。そのはじまりは、インドに浸入したアーリア人が、自分たち白人（支配階級）と非白人（非支配階級）を色（ヴァルナ）で区別したことにさかのぼります。やがて、混血が増え、色ではなく、身分で区別するようになり、ヴァルナは制度自体を指すようになりました。司祭階級・バラモ

●受け継がれるカースト制とその中身

1. 身分の上位・下位を示した　ヴァルナ制

古代インドに侵入した
アーリア人考案の身分制度

バラモンなど支配者を優遇する制度に

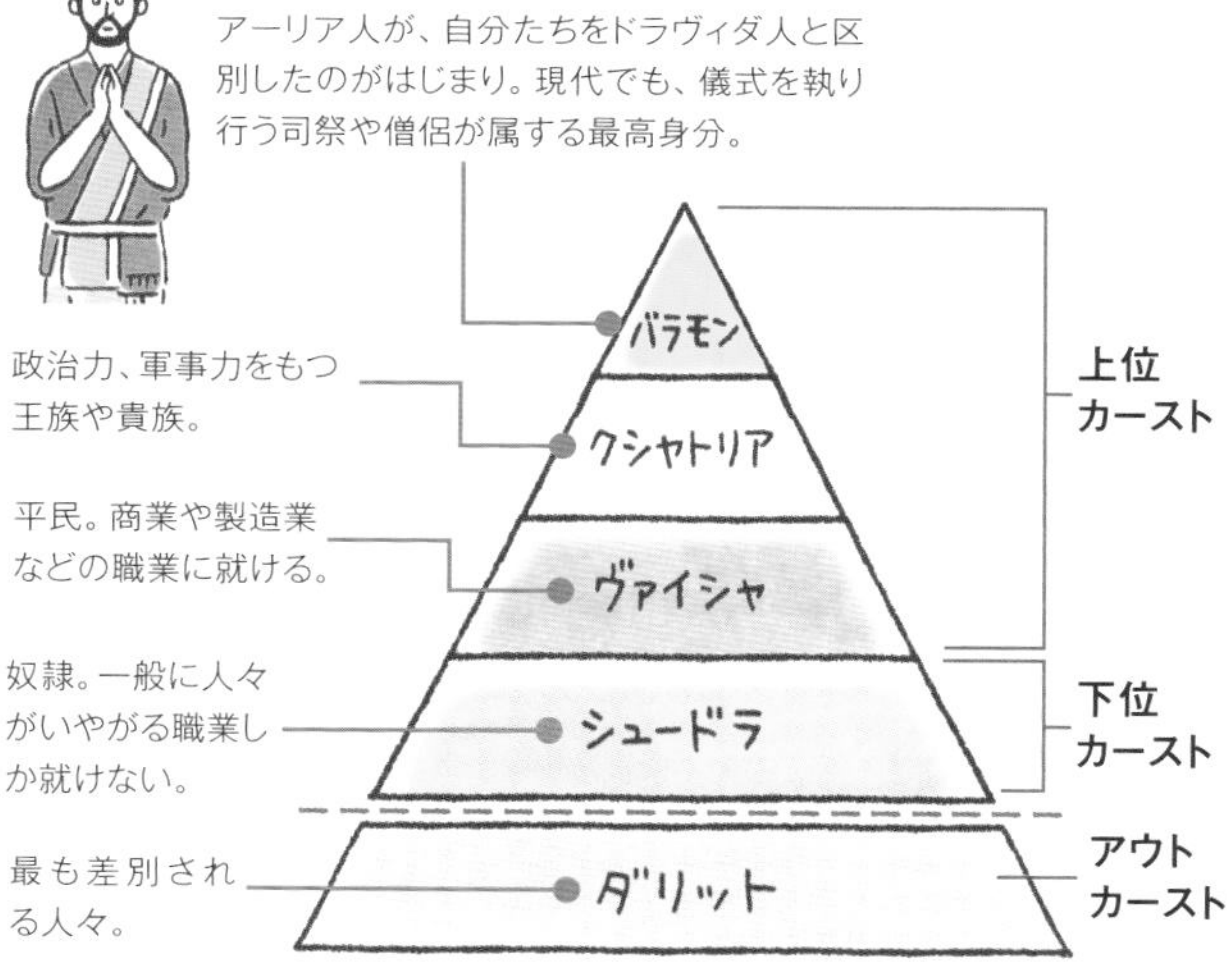

ドラヴィダ人とは…　インダス文明を築いたとされる民族。アーリア人の侵入によって征服、もしくは南インドに追いやられた。

ンを頂点に、クシャトリア、ヴァイシャ、シュードラと続き、その下にはカースト制から外れたダリットもいます。

また、各身分によって就ける職業も定められています。そのため、職業が世襲されるようになり、結婚なども同じコミュニティのなかですませるようになりました。こうした職業集団を、「生まれ」を意味するジャーティと呼びます。

ヴァルナ、ジャーティからなるカースト制は、**現世のカーストでよりよく生きることが来世につながるという輪廻の考えと結びつく**ことで、現代まで続いています。

2. “生まれ”を意味する　ジャーティ

同じカースト内でしか結婚や食事ができず、就ける職業も決まっている

↓

職業別の集団に分かれるように

一般に、バラモン、クシャトリア、ヴァイシャが上位カーストと呼ばれる。カーストを越えた結婚や会食は禁止されたため、特定の地域や職能別の集団が形成。これをジャーティといい、その数は約3000にも及ぶとされる。

実態は!?　現代社会のカースト制

1950年に制定されたインドの憲法で、カースト制による差別行為は禁止。しかし、差別は根強く残っており、上位カーストによる下位カーストに対する差別、暴力事件がニュースになることも。一方、カーストを問わず就ける職業に、ITエンジニアが挙げられる。実際、インドはIT大国として成長中で、ITがカースト制を打破する希望と考える人も少なくない。

仏教改宗とは…　インド人口の約8割がヒンドゥー教徒といわれるが、下位カーストに属する人のなかには、イスラム教や仏教に改宗するケースも少なくない。

Key 3 ヒンドゥー教

他宗教との遭遇――イスラム教の席巻とイギリスの植民地化

インドとパキスタンが分離した理由とは？

中世から近現代にかけて、他の宗教が進出しました。

まず、ムスリム商人によって、イスラム教がインドに伝来します。16世紀には、スンナ派王朝、ムガル帝国が成立。この間、イスラム文化とインド文化の融合が進み、その代表的な建造物が世界遺産タージ・マハルです。さらに、両者の発展的融合を目指したシク教も誕生。輪

他宗教との遭遇①イスラム教

16世紀 イスラム王朝・ムガル帝国成立

- 帝国がインド全域を支配
- 融和から弾圧へ

- 民衆の多数派
- 皇帝の弾圧に反発

17世紀後半のアウラングゼーブ帝時代に強固なイスラム国家に。ヒンドゥー教を弾圧。

16世紀 シク教の誕生

ヒンドゥー教とイスラム教の発展的融合を目指したシク教をナーナクが創始。強い結束力をもち、ムガル帝国の弾圧にも抵抗した。現在もインドからパキスタンにまたがるパンジャーブ地方に多く居住。

"融合"の象徴、タージ・マハル

1653年、ムガル帝国時代に完成した霊廟。白大理石でつくられた。モスク建築、ペルシア建築、インド建築の要素が一体化し、インド=イスラム文化の融合を示した世界遺産。

非暴力・不服従とは… イギリス支配に対するインド民衆の抵抗。ガンディーが不殺生を説いたジャイナ教から取り入れたとされる。

廻転生を肯定する一方、カースト制を批判しました。

その後、ムガル帝国にかわり、**イギリスによるインド植民地化**がはじまります。おのずと、キリスト教も伝播。近代的な思想に触れるなかで、カースト制撤廃、さらにはインドの植民地独立を唱えるインドの活動家が出現しました。ガンディーはインドを独立に導きましたが、彼が願ったヒンドゥー教、イスラム教の融和は最後までかなわず、イスラム教のパキスタン、ヒンドゥー教のインドとして分離されます。翌年、ガンディーは狂信的なヒンドゥー教徒に暗殺されました。

他宗教との遭遇②キリスト教

1600年　イギリスが東インド会社設立

- 植民地化開始
- キリスト教伝来
- 英語の普及
- のちに直轄統治

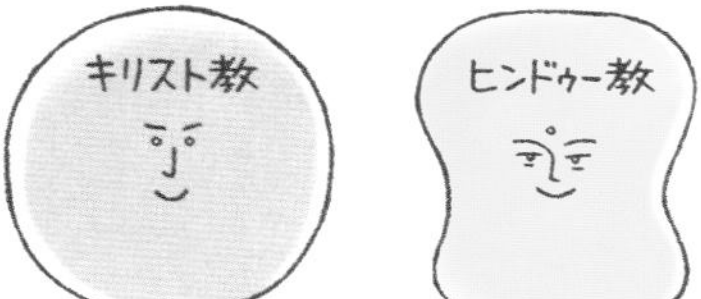

社会運動が活発化

反カースト運動を展開したアンベードカル

1891年、アウトカーストで生まれたのち、弁護士資格を取得。インド独立後は法務大臣を務め、インド憲法を制定した。数十万のアウトカーストとともに仏教に改宗したことでも知られる。

インド独立の父・ガンディーの願い

“非暴力・不服従”を唱えたインド独立運動の指導者。その姿は、ヒンドゥー教徒のみならず、イスラム教徒にも支持された。また、アウトカーストを神の子（ハリジャン）と呼び、解放を訴えた。

分割統治とは…　インドの独立運動が強まることを恐れたイギリスは、民衆の関心を宗教対立や下位カーストに向けさせることで、統治を進めた。

Focus! ヒンドゥー教

知っておきたいヒンドゥー教の食と習慣

牛肉はNGだけど、牛乳は大好き！

インド人には菜食主義者が多い!?

バラモン教には神聖なものと、それに対する不浄なものを区別する「穢れ」の思想があります。この考えは、ヒンドゥー教にも受け継がれ、カースト制のみならず、生活様式にも影響を与えています。

たとえば動物では、牛を神聖とする一方、豚は不浄と考えます。いずれも〝近寄らないようにする〟という点では同様といえま

食

牛&豚をはじめとする肉食

牛は神聖な動物、豚は不浄な動物。さらに、不殺生の考えもあるため、肉全般を避ける傾向にある。一方、牛を傷つけずに摂取できる牛乳など乳製品はOK。

魚介類

魚介類もあまり食べられない。かつお節など、魚介由来のダシを使った食べ物もNG。

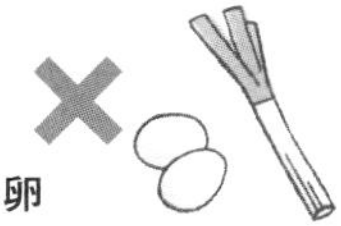

ネギ類や卵

生命の源と考えられる卵も人によってNG。また、修行の妨げになるとして、にんにくやニラなどの五葷も避けられる。

その他

不浄とされる“左手”

排便の際に使うなど、左手は不浄と考えられ、握手や食事の際に使うことはない。

頭をさわらない

頭は神が宿ると考えられているため、子どもの頭をなでることを含めて、むやみに触らない。

五葷の禁止とは…

にんにく、ニラ、らっきょう、玉ねぎ、アサツキの五葷は、体を興奮させ、修行を妨げるとされ、禁止。

す。さらに、ジャイナ教の不殺生の教えもヒンドゥー教に影響を与えたことから、概してヒンドゥー教徒は肉を食べません。こうした背景から、インド人は菜食主義者が多い国といわれます。さらに、カーストによっても食事の規定は異なるので、食べられない食材を教徒個々に聞くことをおすすめします。

ちなみに、ヒンドゥー教徒が、「穢れ」を浄化してくれるものと考えるのが、かのガンジス川です。実際、ガンジス川を訪れると、沐浴する教徒を多数見かけるでしょう。また、遺灰を流すことで穢れが浄化され、解脱に至ると考えられています。

習慣

ヒンドゥー教徒はお祭り好き!

年中さまざまな祭りが行われる。穀物の世祝祭として『ラーマーヤナ』を朗詠する秋の「ダジャハラー」、色のついた粉や水を掛け合って豊穣を祈願する春先の「ホーリー」が有名。

ガンジス川が"聖なる河"といわれる理由

ガンジス河は罪を浄化してくれる聖なる河。それゆえ、多くの教徒が沐浴する。また、遺灰を流してもらうことで輪廻から解脱できると考えられている。

受け継がれる通過儀礼「サンスカーラ」

ヒンドゥー教では約40にものぼる通過儀礼がある。なかでも大切にされているのが誕生祭、入門式、結婚式、葬式だ。

誕生祭 ▶ **入門式** ▶ **結婚式** ▶ **葬式**

誕生祭
出産直後に成長を祈願する儀式。誕生10日前後に命名式、浄化儀礼が行われる。

入門式
男性が正式にヒンドゥー教徒の一員になる。以降、『ヴェーダ』を学んでいく。

結婚式
盛大に行われることが多い結婚式。入門式とセットで行われることも多い。

葬式
薪で覆われた遺体を火葬し、遺灰をガンジス川に流す。低カーストは土葬も。

ヒンドゥー至上主義とは…
イスラム原理主義に対抗する形で台頭。1992年には、過激なヒンドゥー教徒がモスクを破壊した「アヨーディヤ事件」が発生した。

東洋二宗教比較表

	仏教	ヒンドゥー教
信徒数	約4億人	約9億人
起源	BC5世紀頃	（紀元頃）
開祖	ブッダ（釈迦）	特になし
成立	ブッダの悟りと布教、弟子たちの伝承によって成立	バラモン教が土着信仰や仏教の影響を受ける形で成立
種類	世界宗教	民族宗教
信仰対象／呼び名	釈迦、如来、菩薩など	三大神（シヴァ、ヴィシュヌ、ブラフマー）など
教え	修行によって輪廻からの解脱（空・無など）を目指す	修行によって輪廻からの解脱（梵我一如）を目指す
聖典	三蔵、般若心経、法華経、阿弥陀経など各経典	ヴェーダ、マハーバーラタ、ラーマーヤナなど
聖地	ルンビニー、ブッダガヤ、サルナートなど	ガンジス川流域のワーラーナーシー、ヤムノートリーなど
宗派	大乗仏教各派、上座部仏教各派	ヴィシュヌ派、シヴァ派など
宗教施設	仏教寺院	ヒンドゥー寺院
入信の方法	出家（在家も可）	入信の儀式（入門式）
偶像崇拝	盛ん	盛ん
食のルール	宗派によって肉食を避けるところも	肉食全般、五葷などがNG

※宗派や立場によって異なる

Chapter 3

ニュースの“なぜ?”を解き明かす

宗教と現代世界

アメリカ大統領選でのトランプ元大統領の敗北や、
ロシアのクリミア併合をめぐる議論など、
世界を騒がせるニュースの多くが、宗教と関係しています。
国際情勢やグローバルビジネスに与える
宗教の影響を見てみましょう。

プロテスタントが広がった国は禁欲&天職精神でいち早く発展した

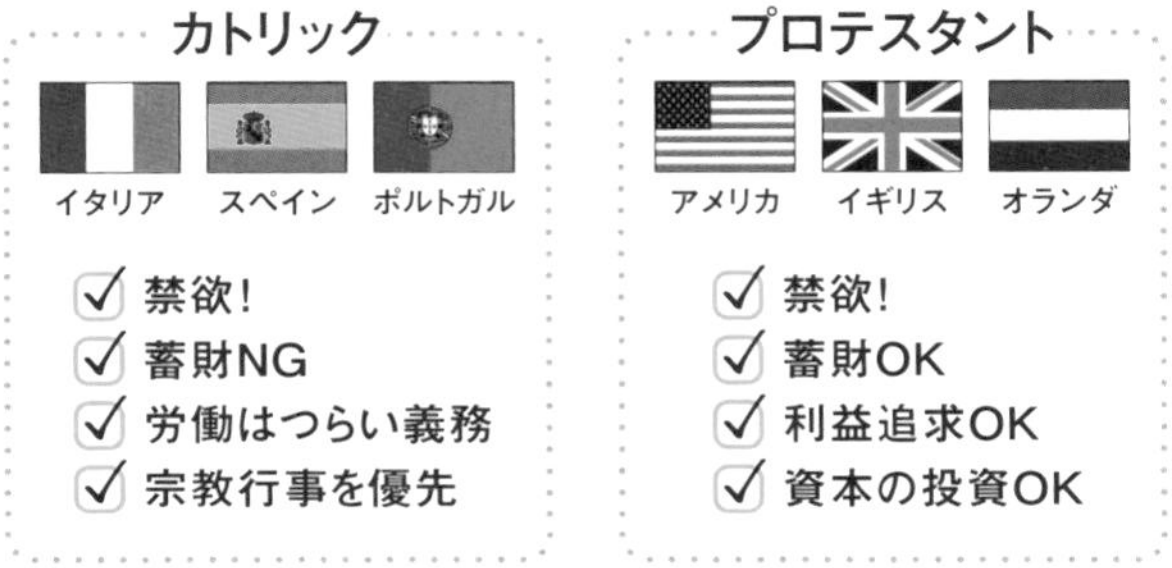

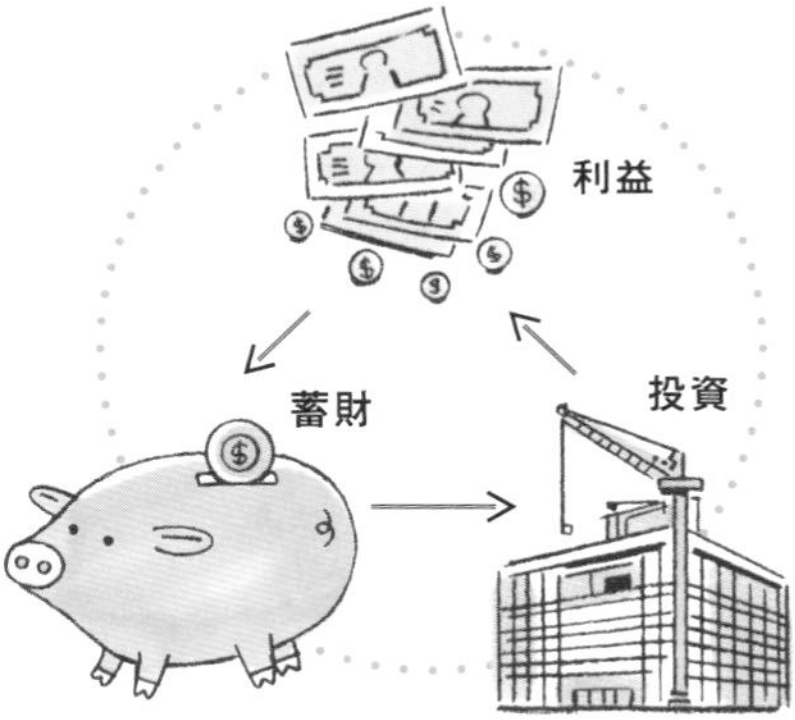

＝ 資本主義との親和性〇

キリスト教の「禁欲精神」によって、獲得した利益は享楽的な消費、浪費に向かわず、蓄財して投資するという循環を生んだ。

資本主義と好相性なプロテスタンティズム

近代以降、プロテスタント圏が経済発展を遂げます。その要因を宗教に求めたのが、社会学者のマックス・ヴェーバーです。

前提として、キリスト教には「禁欲」を奨励する教えがあります。さらに、**プロテスタント特有の考え方に「予定説」があります。**

予定説とは、最後の審判で救済される人間はすでに予定され

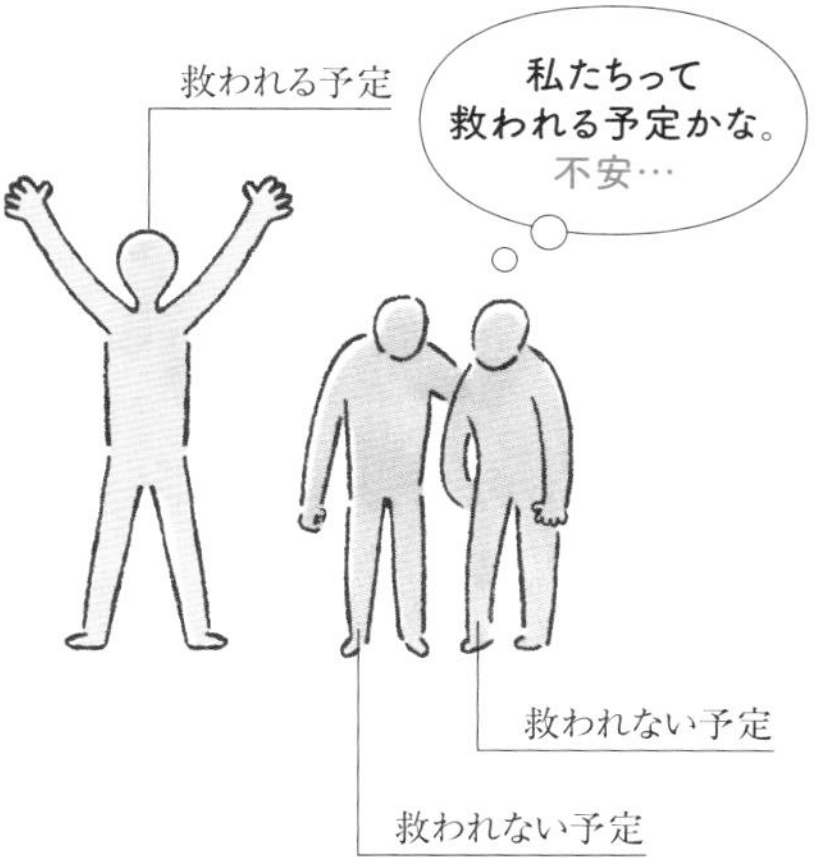

経済発展の裏にあるもの①
「予定説」による心理的不安

カルヴァンが唱えた思想。最後の審判で天国か地獄のいずれかに行くかは、あらかじめ神によって定められているとした。

経済発展の裏にあるもの②
「天職」に没頭して不安解消！

仕事に意欲的に取り組む人＝天職が与えられた（救済が約束された）人と考える一方、働かない人は救済されないと考えた。

現代資本主義を予見したヴェーバー

当時経済成長を遂げるアメリカを見たヴェーバーは、禁欲などの宗教的倫理が失われていることを認識。いずれ、金儲けのみが目的になる資本主義の行く末を危惧していた。

ているというもの。それゆえ、教徒たちは自分が救われる対象になっているかどうか不安に思います。

そこで、ヴェーバーが注目したのが天職の思想です。つまり、教徒たちは、「自分が仕事に意欲的ならば、その仕事は天職に違いない。救済が予定されているからこそ、天職が与えられたのだ」と考えることで不安を解消したというのです。

このように、**仕事に熱中（＝利益追求）しつつも、禁欲の意識から、利益は享楽ではなく、蓄財して投資するという循環が、経済成長につながった**と指摘しました。

ヴェーバーとは… プロテスタントの教えが資本主義の浸透に貢献したことを指摘した著書『プロテスタンティズムの倫理と資本主義の精神』で知られる。

神による市場調整は〝幻想〟!?

経済

需要と供給をコントロール!? 「神の見えざる手」の意味

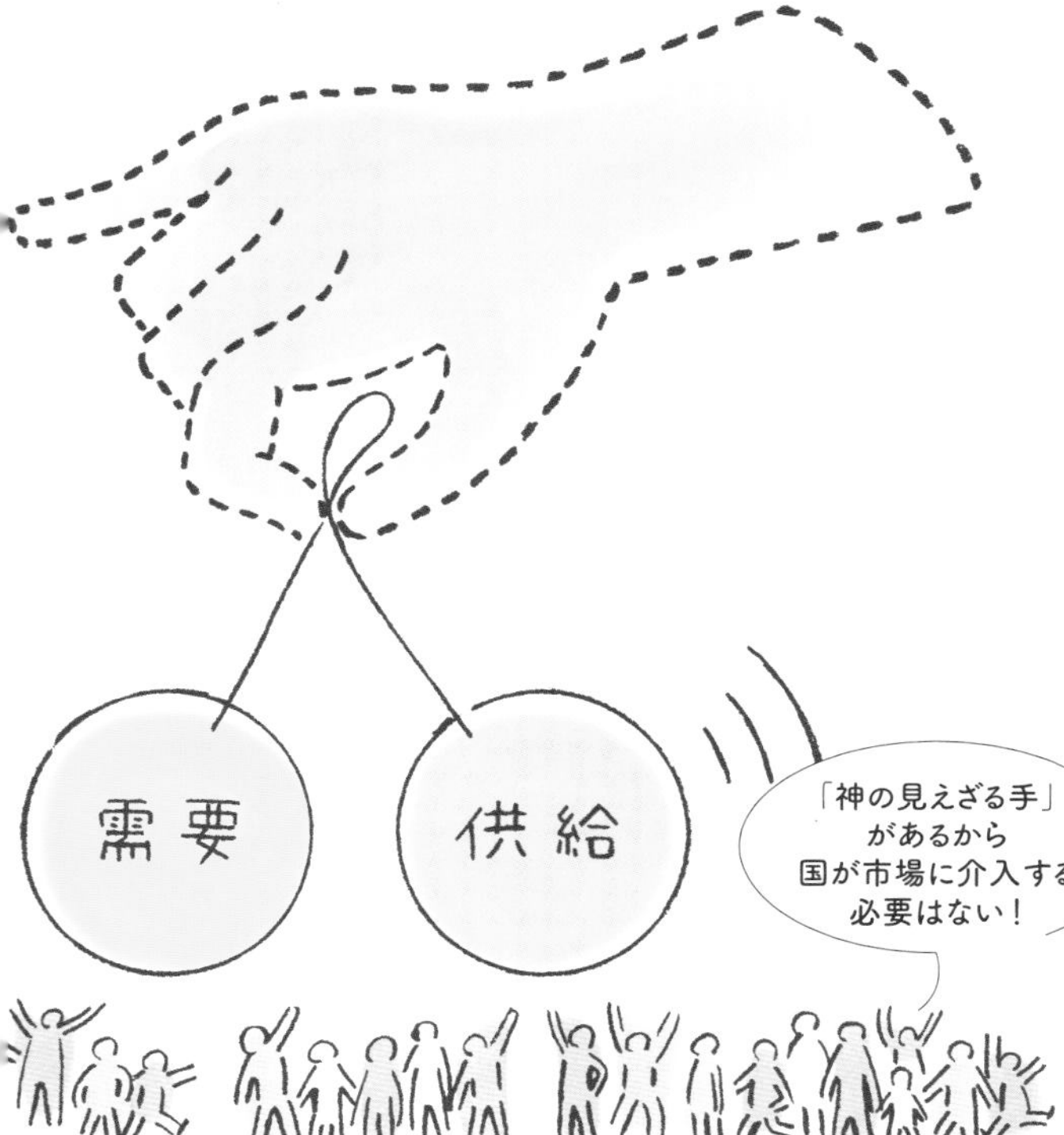

〝見えざる手〟をめぐる大きな誤解

一神教世界では、絶対的な唯一神の力は経済にも及ぶと考えます。その代表が「神の見えざる手」という思想です。

この言葉の〝出所〟とされるアダム・スミスの『国富論』では、人間は利己心のために働くこと、仕事の分業によって労働生産性が上がることが指摘されています。さらに、**利己心に基づいた需要と供給は、〝見えざ**

市場原理主義とは… 国が市場に干渉せず、自動調整機能に任せることが、経済発展につながるとする思想的立場。

「見えざる手」の意味①

個人の利益追求
→社会発展につながる

スミスは人間がもつ利己的な性格を指摘。つまり、分業を行う人々が各自の利益を追求することが、結果として経済発展につながると言及した。

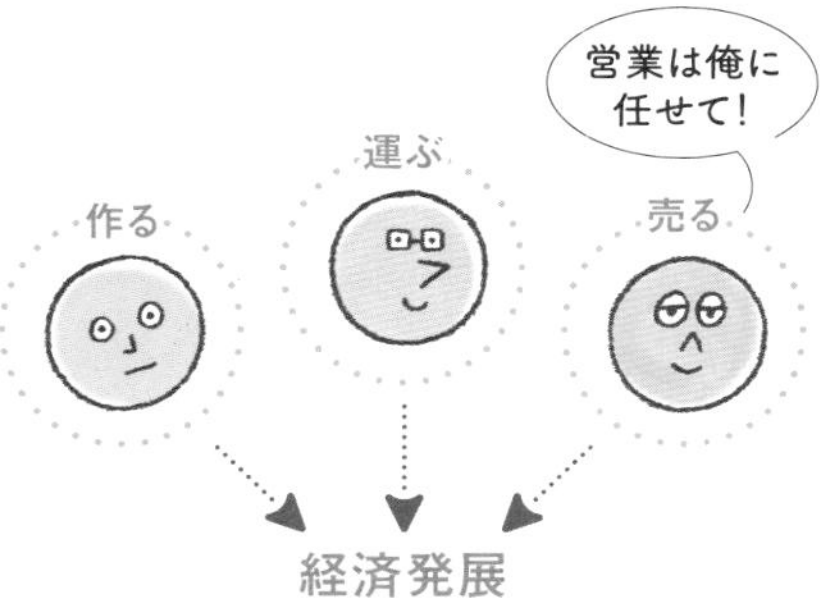

「見えざる手」の意味②

個人は“同感”の感情をもつ
→社会秩序は保たれる

利己的な人が集まると社会秩序が保たれるという点について、スミスは個人や社会にやってはいけないことのライン、つまり「同感（共感）」があると指摘。市場は自由放任にすべきとか、自分の利益のためなら何でも許されるといったことは言っていない。

る手〟によってバランスが保たれると言及しています。

この考え方は、市場原理主義者から支持されています。しかしスミスは、**市場には「見えざる手」が働くとは言っている（一箇所のみ）ものの、「神の」とは言っていません。**スミスが想定した〝利己心〟の意味も〝好き勝手〟とは大きく異なります。要するに、市場の力を信奉する人々が自らの主張に説得力をもたせるために、「神の」を加え、スミスの主張を曲解し、利用しているだけといえます。

近現代に起きた恐慌を見るに、神が市場を統制するという主張は〝幻想〟と言わざるを得ません。

アダム・スミスとは… イギリスの経済学者。個人がもつ利己性と共感について言及した『道徳感情論』、経済学の出発点といわれる『国富論』を発表。

のんびり気質のカトリック!?

経済

多くのカトリック国が経済危機に陥った理由

ポルトガルには大企業が存在しない!?

近代以降、カトリック圏で目覚ましい経済成長を遂げた国はほとんど見られませんでした。それどころか、２００９年末にユーロ財政危機が発生し、のちに**巨額の財政赤字を抱えていたことが明らかになったイタリア、スペイン、ポルトガルなどは、いずれもカトリック教徒が多数を**占めています。短絡的な見方はできませんが、宗教となんらか

カトリックと経済①

先進国を中心に進むカトリック離れ

人口の約30%がカトリックを信仰するドイツでは、2019年に約27万人が教会を脱会。前年の約21万人を大幅に上回る信徒が離脱したという。脱会の理由に教会税の回避という点も挙げられるが、カトリックの影響力衰退もうかがえる。

カトリックと経済②

フランスとドイツはカトリック圏じゃないの?

フランスとドイツにも多数のカトリック教徒がいる。しかし、フランスはフランス革命以降、宗教自体の影響力が弱体化。また、ドイツでは宗教改革の始まりの地であり、プロテスタントの考えが広く浸透していることから、経済発展を遂げたと考えられる。

の関係があることは否定できないでしょう。

プロテスタントと異なり、カトリックには、予定説や天職といった考え方はありません。むしろ、蓄財は奨励されず、労働はアダムとイブから続くつらい義務と考える傾向にあります。それゆえ、ガツガツ働く人も少なくなるのでしょう。

こうした背景から、**カトリックは、経済成長が進んだ都市よりも、地域の共同体との親和性が高い**といえます。それを表すかのように、国民の多数がカトリック教徒のポルトガルには、そもそも大企業といわれるものがほとんどありません。

利子NG！拡大し続けるイスラム金融

イスラム諸国（QISMUT）

カタール、インドネシア、サウジアラビア、マレーシア、アラブ首長国連邦、トルコ

- ✓ 利益追求OK
- ✓ 利子NG
- ✓ 投機的取引NG
- ✓ アルコールなどの取引NG
- ✓ ウラマーが経営に関与

イスラム銀行は「巡礼」の資金集めから生まれた

イスラム銀行は、メッカ巡礼を目指す人々のための資金集めが起源とされる。1962年にマレーシアで設立されたマラヤ・ムスリム巡礼貯蓄銀行がその例。

そもそも、イスラム金融って何？

現在、イスラム主要国のＱＩＳＭＵＴがけん引するイスラム金融が拡大しています。

イスラム金融とは、「シャリーア」に則った金融取引のこと。その**最たる特徴に、利子を禁じている点**が挙げられます。とはいえ利子は、銀行経営において不可欠な要素。そこでイスラム法学者（ウラマー）などが検討を重ね、かつてムスリムの隊商

取引の流れ

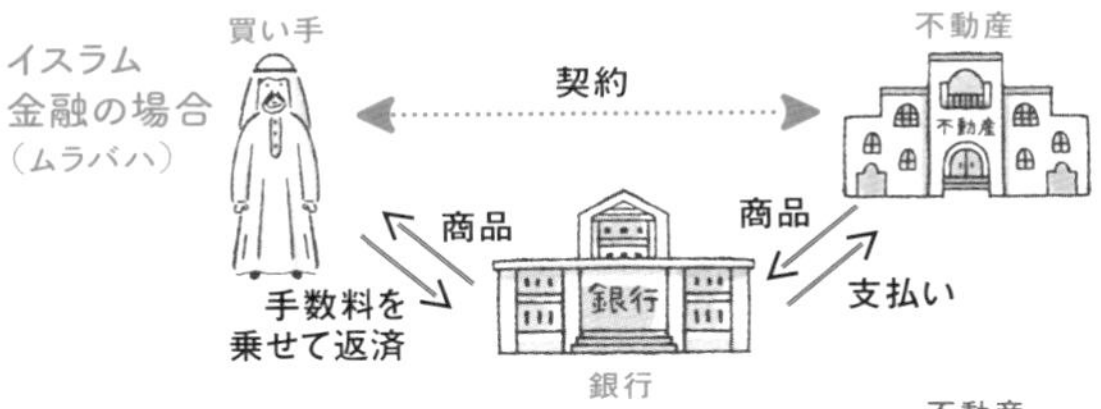

家などを購入する際、商品の買い手と売り手の間に銀行が入り、購入（共同所有）。買い手から“手数料”を上乗せして返済してもらうことで、利益を得る。

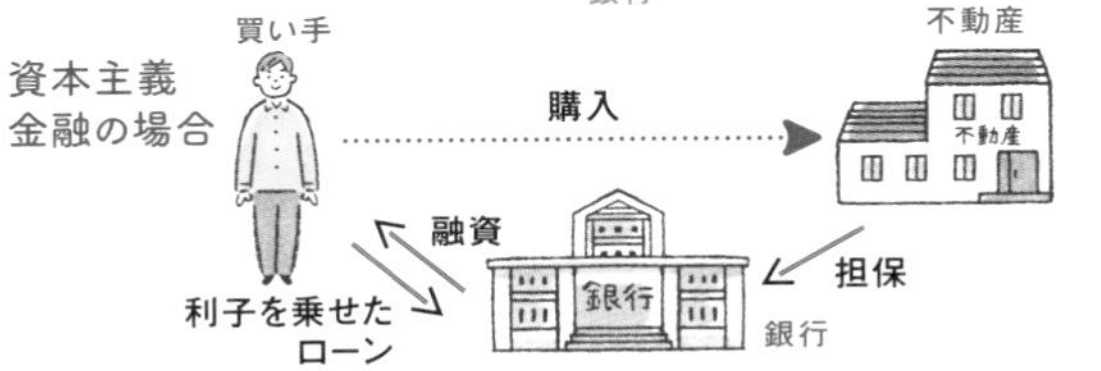

多くの場合、銀行で住宅ローンを組み、買い手から、利子を上乗せした金額を返済してもらう。

毎年高い成長率！ イスラム金融は今後も拡大していく!?

拡大するイスラム金融の市場規模

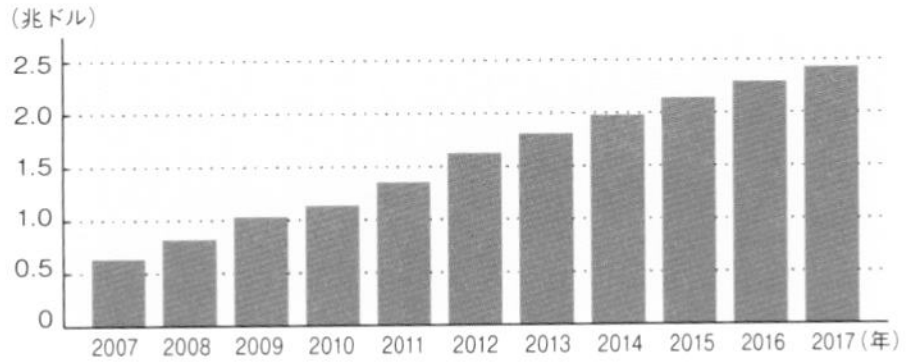

2021年2月、インドネシアで国営3行が合併し、イスラム金融のサービスを展開する「バンク・シャリーア・インドネシア」が発足。イスラム金融によって国際競争力を高めたいという政府の狙いがうかがえる。

出典:ISLAMIC FINANCIAL ASSETS: GLOBAL TOTAL & GROWTH（Saudi Gazette）

がラクダに乗って東方に貿易に行く際に結ばれた、出資者と隊商間の契約に着目。隊商が無事貿易を遂行したら利益を折半し、損失が出たら隊商のみならず、出資者も損を被るという仕組みを適用したのです。

　このシステムをベースにしながら、現在ではさまざまな商取引が生まれています。

　たとえば、イスラム金融で最もメジャーな取引「ムラバハ」では、まず銀行が顧客の代わりに商品を購入。その後、手数料を上乗せする形で転売します。**上乗せ分は、手数料（取引の一部）とされるため、利子とは解釈されない**というわけです。

QISMUTとは…　カタール（Qatar）、インドネシア（Indonesia）などイスラム金融主要6ヵ国の頭文字をとった造語。読みはキスマット。

浸透するSNSは宗教の救世主になるか!?

SNSを布教に活用する団体が増えている。集会や礼拝の情報を伝える信者間のコミュニケーションツールとしての利用も。

SNSは宗教から〝神秘性〟を奪う

現代世界では、先進国の多くの国民がSNSを活用しています。コロナ禍という状況も重なり、日本でもリモート葬儀などのサービスがスタート。布教にSNSを活用する団体も少なくありません。

こうした取り組みから、人々の宗教に対するハードルを下げる効果は期待できるかもしれません。しかし、**世界で進む宗教**

SNS活用の厳しい現実①

宗教の「神秘性」が失われる

宗教のなかには、人智を超えた非合理的な性格をもつものも少なくない。非対面のSNSでは、そうした“矛盾”を超越するような体験を信者が得られなくなる。

SNS活用の厳しい現実②

匿名によるデマ・中傷に宗教がさらされる可能性も…

匿名による誹謗中傷の対象に、宗教が向けられることも少なくない。いわれのないデマ情報が拡散し、宗教団体のイメージ悪化につながることも。

誹謗・中傷

衰退の流れをＳＮＳが救うか、といえば、難しいと考えます。その理由として、拡散性に優れた**ＳＮＳでは、宗教の〝神秘性〟が失われやすい**ことです。

　宗教は、同じ対象を信仰する集団によって形成されます。その際、集団が宗教施設で礼拝する、〝奇跡〟を体験するなどで、宗教団体としての一体感、信憑性が生まれます。しかし、ＳＮＳではそうした体験を得ることが難しいといえます。

　また、**ＳＮＳ上の誹謗や中傷に耐えられるか**という点もあります。情報化社会は宗教の立場からいえば、その分危険が伴うことといえるのです。

政治

アメリカ大統領選でトランプが負けた理由

福音派の力にも陰りが…

福音派と大統領の関係

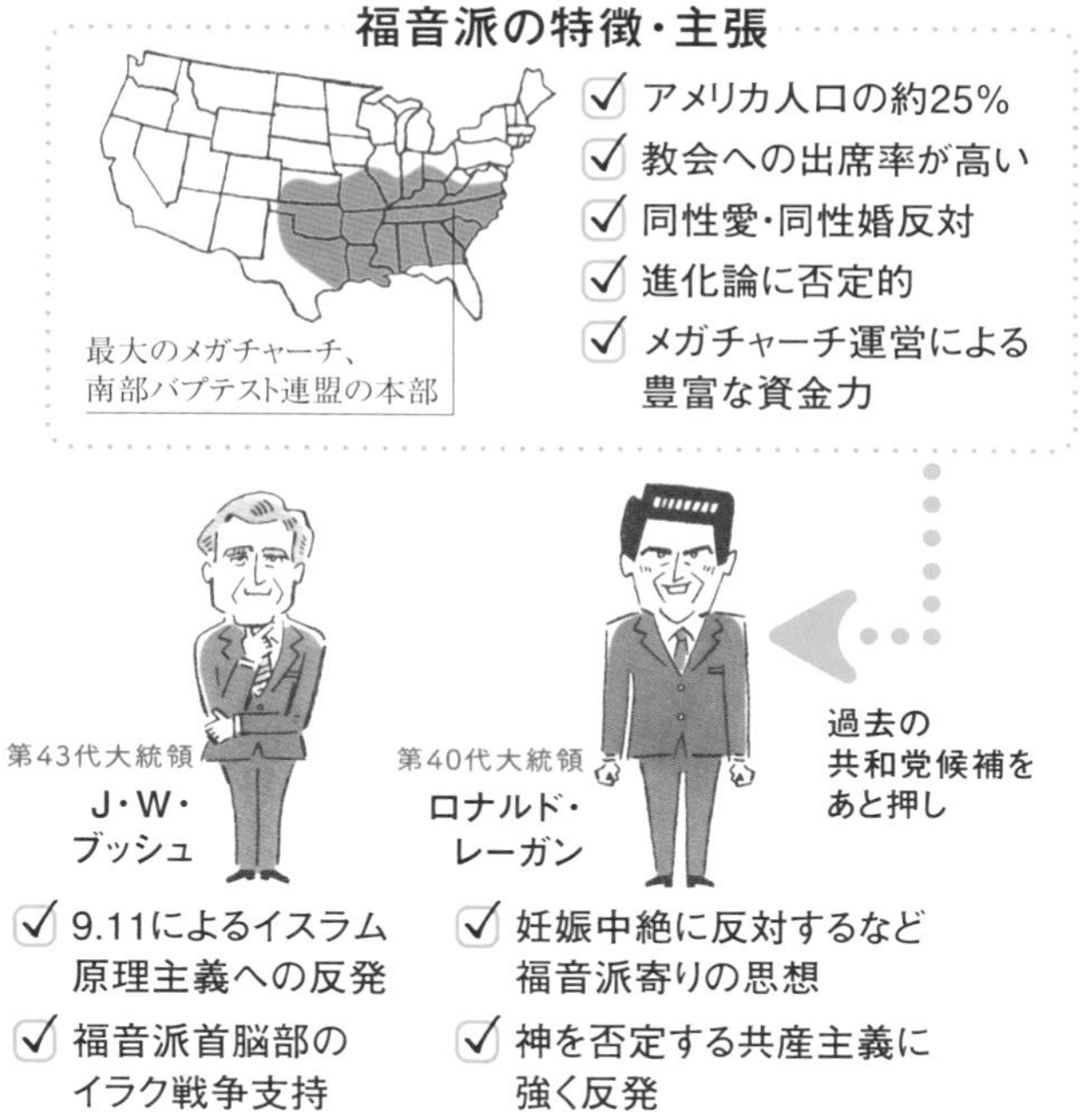

福音派の支持を失ったトランプ

２０２０年11月、米大統領選で再選を狙ったトランプが敗北。その要因の一つは、福音派の支持を失ったことでしょう。

保守系プロテスタントの福音派はアメリカの人口の約25％に相当。**中西部から南東部に多く住んでいることから、このエリアは「バイブル・ベルト」**といわれます。進化論をはじめ、人工妊娠中絶などに反対する傾向が

今後、福音派の影響力は衰えていく?

かつて絶大な影響力を誇った福音派も、その影響力は年々弱まっている。その背景に、福音派の中心にいた人々の高齢化と、バイブル・ベルトでも若者世代のリベラル化、もしくは無宗教に転じる人の増加がある。

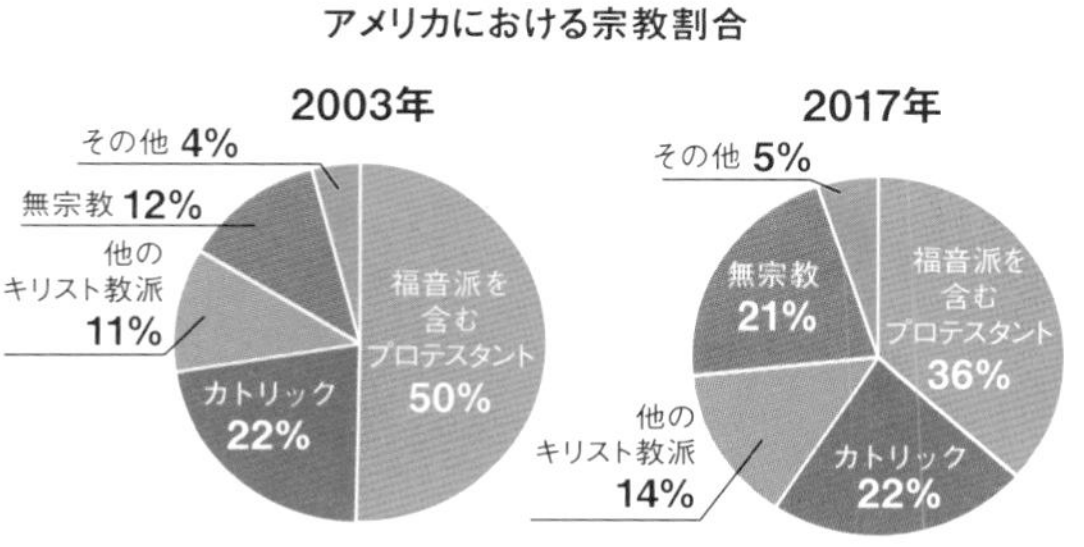

出典:ABC NEWS/WASHINGTON POST AND ABC NEWS POLLS

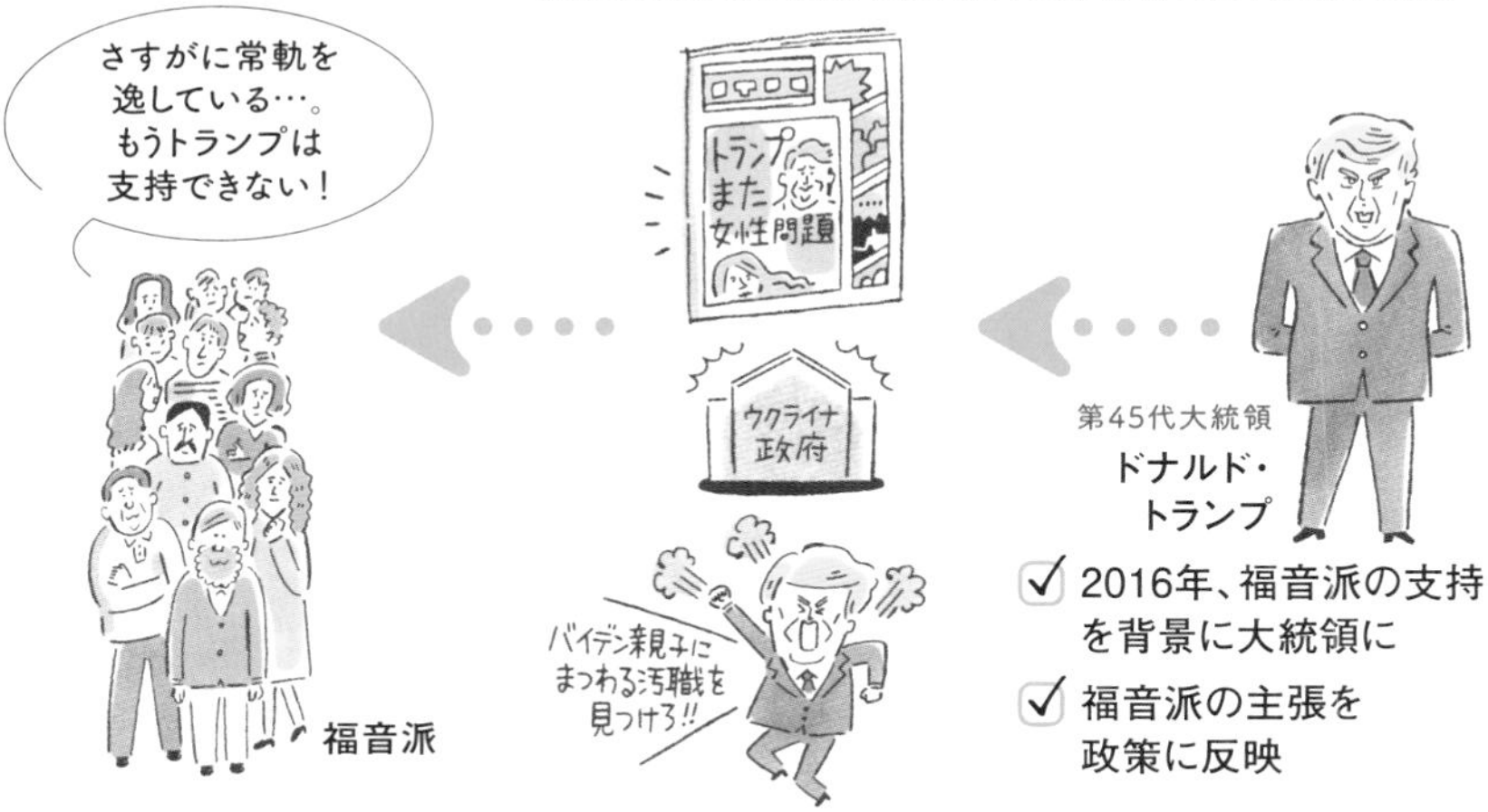

あり、伝道にも積極的で、週末に約２０００人の信者が集まる教会「メガチャーチ」を運営。影響力を活かし、これまで共和党候補の大統領選出に協力してきました。**２０１６年にトランプが選出された際、福音派の約80%が彼に投票したとされます。**

しかし就任後、過去の女性問題や、軍事支援とバイデン陣営の汚職に関する情報の取引を持ちかけたとされるウクライナ疑惑が浮上し、福音派の支持も徐々に低下。**福音派寄りの主張をもつ女性を最高裁判事に指名するなど、最後まで支持集めに奔走**しましたが、２０１６年ほどの支持は集められませんでした。

福音派とは…　宗教改革の際にカルヴァンなどが唱えた「聖書(福音)主義」を忠実に守ろうとする一派。イギリスからアメリカに移住したピューリタンの流れを汲む。

政治

ヨーロッパが恐れる〝イスラム化〟の拡大

注目を集めた「アヤソフィア」のモスク化

- ✓ 6世紀にギリシア正教の聖堂として建設＝キリスト教
- ✓ 1453年にオスマン帝国によってモスク化＝イスラム教
- ✓ 1935年、「無宗教の博物館」として世界遺産に

なぜ、欧州はモスク化に動揺した？

2020年7月、トルコのエルドアン大統領が、イスタンブールの世界遺産「アヤソフィア」をモスクに転換することを発表。この決断に、各国の首脳から反発の声が挙がりました。

アヤソフィアは、6世紀に東方正教会の教会として建設されました。1453年にオスマン帝国によってモスクに改修されるも、帝国解体を経て、193

イスラム主義を推し進めたいトルコ政府と、イスラム化の拡大を恐れる欧州のキリスト教国が対立。

ヨーロッパ（キリスト教圏）が恐れるイスラム教の拡大

増加する背景①

明快な教義

イスラム教が拡大する背景に、教義の明快さがある。国民の宗教実践における六信五行、また政府側にとっても、政教一致の体制で国を統治しやすい点が大きい。

増加する背景②

信者に多産の傾向

ムスリムでは多産の傾向がある。ムスリムの家庭で生まれれば、若いうちからイスラム教の信仰が浸透するため、信者も増えていく。

世界人口におけるムスリムの割合

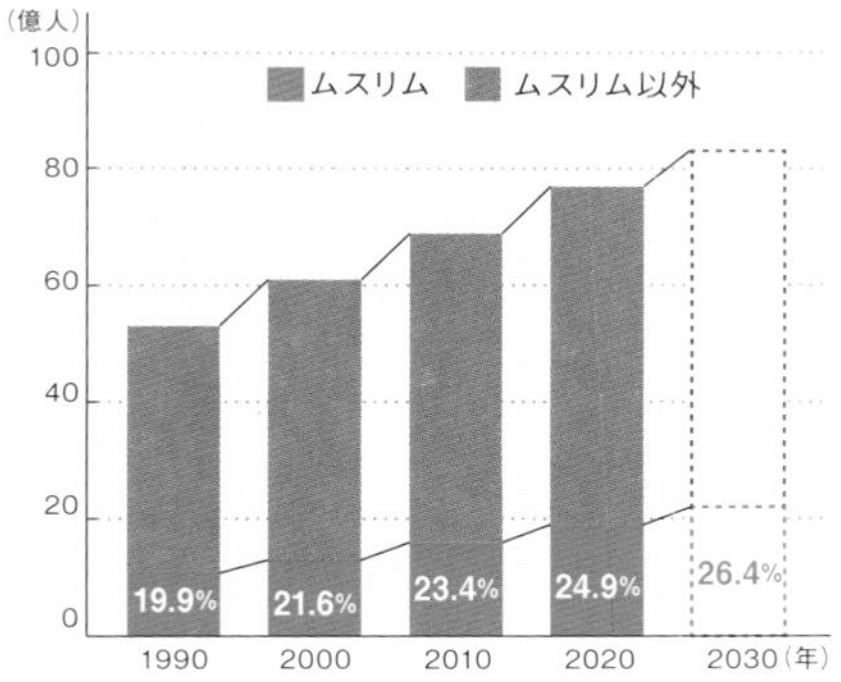

出典:The Future of the Global Muslim Population（Pew Research Center）

4年、宗教に〝中立的〟な博物館として世界遺産に登録されました。世俗主義を掲げて建国されたトルコの象徴的な建築物といえます。

トルコでは90％以上がイスラム教（スンナ派）を信仰。敬虔なイスラム教徒として知られるエルドアン大統領が就任以降、イスラム化政策が進み、アヤソフィアのモスク化も宗教的保守派から支持されています。

しかし、ヨーロッパ諸国にしてみれば、トルコの強大化への懸念に加えて、キリスト教の衰退に代わってイスラム教が拡大し、**世俗主義をおびやかすという危機感**があるわけです。

政治

フランスで多発するテロとフランス革命の関係

世論もマクロン大統領の姿勢を支持

フランスで起きたイスラム過激派によるテロ事件

2020年10月　中学校の授業中にムハンマドの風刺画を紹介

↓

紹介した教師が首を切断されて死亡

なぜ、フランスでテロが多発するのか？

2020年、フランスのパリ近郊で、中学校の教師が首を切断されるというショッキングな事件がありました。授業でムハンマドの風刺画を見せた教師に憤慨したイスラム教過激派による犯行と見られています。

フランスのマクロン大統領は、教師の行動や風刺画について「冒瀆を含めて表現の自由がある」と擁護。一方、トルコやイ

フランス人にとって「自由」と「宗教」とは？

→ カトリック&王政が合体した絶対王政を打破

①自由

「表現の自由」はフランスにおける最も基本的な権利。個人に対する侮辱や中傷は禁止されるが、宗教に対する批判や冒瀆は表現の自由と解釈される。

②宗教分離「ライシテ」

個人の信教の自由を保障するために、国家や教育機関の“無宗教性”が徹底されている。フランスで宗教分離は国是とされており、その原則を「ライシテ」という。

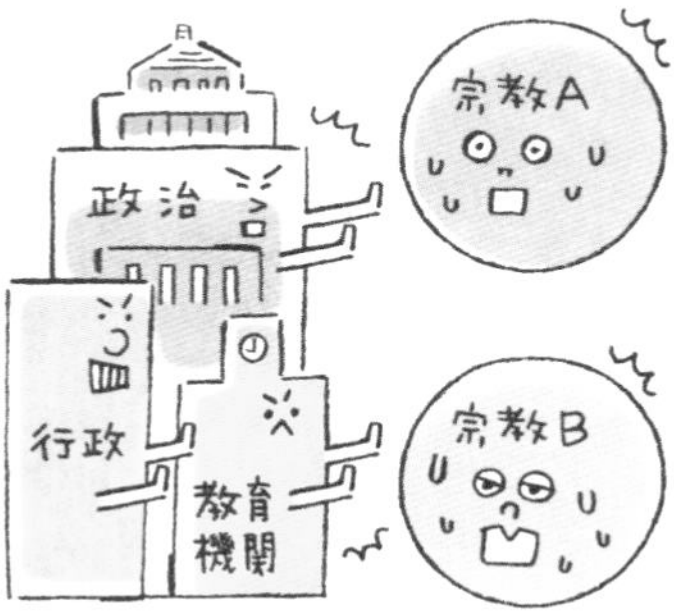

✖ 公共の場でのスカーフ着用

✖ 十字架のペンダントをつけて学校に登校する

✖ キッパ（ユダヤ教徒の帽子）を着用して学校に登校する

ランなどの首脳は激しく反発しました。

近年フランスでは、この事件以外にも、2015年にパリで130人以上が亡くなった同時多発テロなど、事件が多発しています。その背景にあるのがフランス革命です。**フランス人には、フランス革命で宗教勢力（カトリック）と強く結びついた王権を打倒し、「自由」と「政教分離」を勝ち取った**という意識が強く残っています。

テロが起こってもなお、フランス世論が風刺画に賛成していることからも、「自由」「政教分離」に対する強い思いがうかがえるでしょう。

政治

対立が続く アメリカとイランの関係

“代理戦争”として対立が続く

イラン×アメリカの対立史

1951年 イランでモサデグが首相に就任
- ✓ それまでイギリスが独占していた石油利権を国有化

1953年 イランでクーデターが発生
- ✓ 親英米のパフラヴィー2世がトップに
- ✓ 石油の利権が再び英米に
- ✓ イランで近代化（白色革命）が進む一方、独裁体制への不満がイスラム教徒間で高まる

1979年 イラン革命勃発
- ✓ シーア派の指導者・ホメイニがトップに
- ✓ イスラム主義&反米路線に転換

1980年 イラン・イラク戦争勃発

中東でアメリカとイランの“代理戦争”が勃発

二国間の対立は イラン革命で決定的に

アメリカとイランの対立の契機となったのが、石油利権をめぐる争いを経て、１９７９年に起きたイラン革命です。

イラン革命は、世界で進行していた世俗化と逆行する形でイスラム主義に〝戻った〟革命であったことから、世界に衝撃を与えました。当時の最高指導者であるホメイニは、それまでの親米&独裁体制から転じて、反

イラン×アメリカをめぐる他国の関係

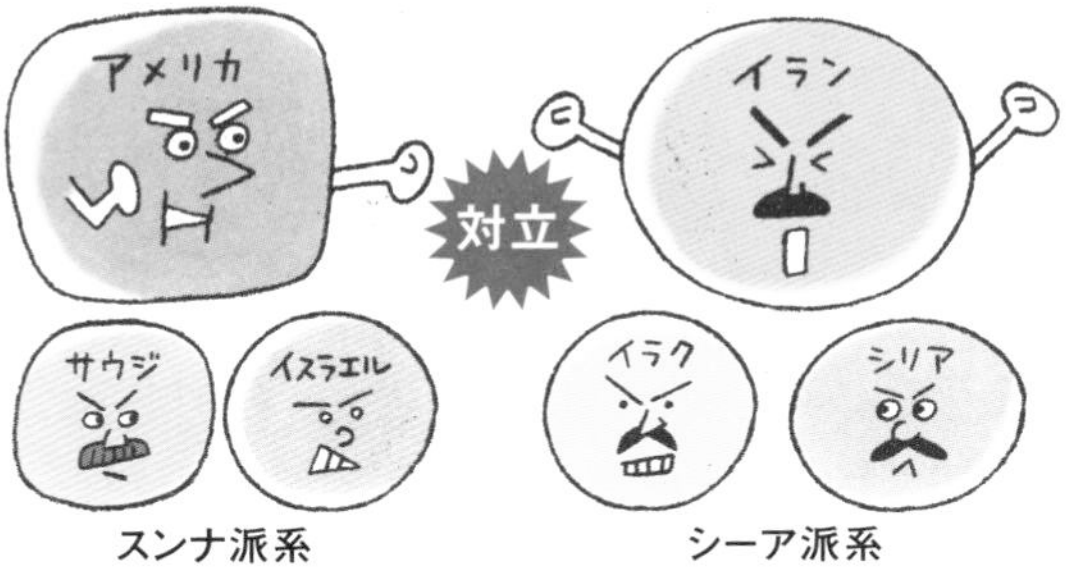

2011年〜 シリア内戦

シーア派のアサド政権と、スンナ派の反体制組織が対立。現在は台頭したクルド人も加わり、アサド政権を支持するイランとロシア、反体制組織を支援するサウジアラビアやアメリカ（部隊は撤退）という三つ巴の状態に。

2015年 イエメン紛争

イランの支援のもと首都などを実効支配する武装組織と、サウジアラビアが支援する大統領派で内戦に。

米路線を展開。翌年、アメリカは、イラクを支援する形でイランに侵攻し、イラン＝イラク戦争が起きました。

以降もシーア派のイラン、福音派が広がるアメリカは断交を続け**イランの核開発もあり関係が悪化**。オバマ政権でイランは核合意しますが、トランプ時代に離脱し、米軍のイラン司令官殺害など、報復合戦が継続中です。

両者の対立は、中東を舞台にした〝代理戦争〟にも表れています。アメリカ、スンナ派のサウジアラビア、イスラエル陣営とシーア派のイラン、イラク、シリアという構図で、シリア内戦やイエメン紛争が勃発しました。

ホメイニとは… シーア派の指導者。当初ウラマーとして活動し、パフラヴィー2世を批判したことで国外追放される。革命後は、イランの最高指導者に。1989年没。

政治

ロシアのクリミア併合で正教会内にも亀裂が……

ロシアが実効支配を進める背景

国際社会が反発したクリミア併合

ロシアにとってクリミアが重要な理由

２０１４年、ウクライナの領土クリミアをロシアが併合。冷戦後初の武力による領土変更は、世界から批判を集めました。

ロシアにとってクリミアを獲得することは、地政学的なメリットもありますが、**宗教・文化的にクリミアが重要な地だったことも影響**。というのも、ウクライナは東スラブ民族の初の国家・キエフ公国が成立した地

クリミアをめぐるロシアとウクライナの対立

988年	ロシア、ウクライナのルーツといえるキエフ公国のウラジーミル1世が、クリミア半島で東方正教会に洗礼。以降国教に
1783年	ロシア帝国が、オスマン帝国からクリミア半島を奪還
1954年	ソ連第一書記、フルシチョフがクリミアをウクライナに移譲
1991年	ソ連崩壊。クリミア半島はウクライナの一部に
2014年	ウクライナ国内の内戦に乗じて、ロシアが介入し、クリミアを併合
2019年	クリミアとロシアを結ぶ「クリミア大橋」が完成、鉄道開通

ウクライナ危機
→ロシア正教×東方正教会の対立が鮮明に

ロシア正教

- ✓ 東方正教会の最大勢力
- ✓ 政府との結びつきが強い
- ✓ ウクライナ正教会の独立
  →独立を支持した総主教庁との関係断絶を宣言

コンスタンティノープル

- ✓ 東方正教会の筆頭権威
- ✓ 2018年、ウクライナ正教会を承認
  →1686年から統括下にあったロシア正教からの独立を支持

で、同国の大公・ウラジーミル1世は、クリミアで洗礼を受けたのちに、東方正教会を国教に定めたとされます。そのため、プーチンをはじめロシア政府にとって、ロシアの〝発祥地〟ともいえるクリミアを併合することは宿願だったのです。

こうした**ウクライナとロシアの対立は、正教会の分裂**も生みました。宗教でもロシア離れを図りたいウクライナは、統治下にあったロシア正教会からの離脱を請願。これを東方正教会の筆頭権威、コンスタンティノープル総主教庁が認めたことで、ロシア正教は反発。総主教庁との関係断絶を宣言しました。

キエフ公国とは… 東スラブ人を中心に形成された国家。現ウクライナのキエフを首都とし、9～13世紀に栄えた。ウラジーミル1世の時世に、キリスト教が国教に。

社会

イスラム過激派はどのようにして生まれたのか？

アルカイダ、イスラム国（IS）とは？

イスラム過激派の主張と拡大

- ☑ SNSで過激派の思想を発信、勧誘
- ☑ コロナによる不安感があと押し!?

なぜ、9・11はアメリカで発生した？

21世紀以降、イスラム過激派によるテロが多発。テロ組織として有名なのが、アルカイダとイスラム国（IS）です。

アルカイダは、1979年、ソ連が侵攻したアフガニスタンに集まったイスラム義勇兵・ムジャヒディンから派生して誕生。ソ連撤退後、オサマ・ビンラディンを中心に、反米感情を強めていきました。**世界のムスリムにジ**

タリバンとは…　アフガニスタンの過激派組織。同時多発テロ後、ビンラディンをかくまったとされ、米軍の攻撃を受けた。

イスラム過激派組織の系譜

1960年代	非イスラム政府の打倒（ジハード）を説いたクトゥブ主義が広がる。オサマ・ビンラディンにも影響
1979年	ソ連のアフガニスタン侵攻に対して、アメリカがゲリラ組織「ムジャヒディン」を援助
1988年	ソ連撤退後、ムジャヒディンらのメンバーとともに、ビンラディンが「アルカイダ」を結成。反米色を強めていく
2001年	アメリカ同時多発テロが発生
2014年	アルカイダから分裂した一派が「イスラム国」樹立を宣言

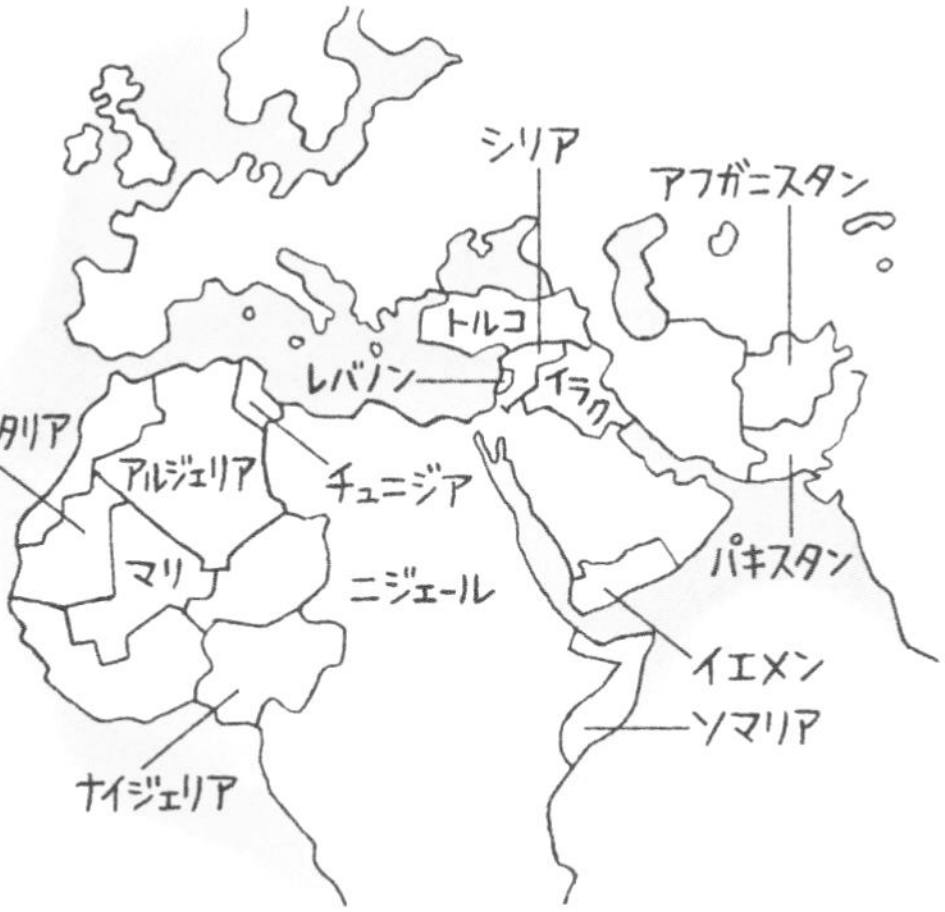

アルカイダ系

アフガニスタンやイエメン、ソマリアなどに関連組織があるとされる。2019年、ビンラディンの息子で、次期最高指導者候補と目されていたハムザ・ビンラディンの死亡が発表された。

IS系

シリア・イラクをはじめ、イエメン、ナイジェリアなどに関連組織があるとされる。2019年、首謀者とされるアブバクル・バグダディの死亡が発表された。

ハードを呼びかけ、2001年のアメリカ同時多発テロを主導。2011年、ビンラディンの死亡をアメリカが伝えましたが、依然として各地で活動しています。

このアルカイダから分裂し、2014年にイラク・シリア地域で国家樹立を宣言したのがISです。**ISは油田という豊富な資金源を確保。**徐々にアルカイダを上回る影響力をもつようになります。

ほとんどのムスリムは平和を望んでいますが、移民先で疎外感を感じるイスラム系移民などをターゲットにした布教により、一部の過激派が生まれているのが現状です。

ISIS、ISILとは… イスラム国（IS）を指したもの。かつてISISを名乗っていたが、国家樹立宣言を機にISに。なお、米政府や国連などはISILという名称を使っている。

社会

南米初のローマ教皇が直面する深刻な課題

教会改革を推し進めるが…

フランシスコ教皇が直面する課題

2013年 中南米（アルゼンチン）出身として初めてローマ教皇に選出

課題①
深刻な教会離れ

課題②
神父らによる性的虐待が続発

ローマ教皇が来日した理由とは？

2013年、初めて南米出身のカトリックのトップが誕生。このフランシスコ教皇のもと進められているのが、カトリック教会の改革です。世界で進む教会離れ、その一因になった神父による性的虐待など、深刻な課題の解消に向けて、さまざまな施策が行われています。

まず、信者拡大に対しては、法王の各国訪問が挙げられます。

対策①

各国への訪問を通して カトリックのプレゼンス向上

2019年、38年ぶりに訪れた日本をはじめ、韓国、スリランカ、フィリピンといったアジアと、ブラジルやチリ、ペルーといった南米への訪問が目立つ。カトリックの減少が指摘されるブラジルでも、約300万人の信者が駆けつけ、ミサに参加した。

対策②

性的虐待における神父の“守秘義務”は廃止の方向

それまで守秘義務が徹底されてきた告解。しかし、フランシスコ教皇は犯罪性のある告白には守秘義務の撤廃を表明。実現すれば、信者や聖職者から性的虐待などの告解を受けた司祭は、教会と司法に報告できるようになる。

対策③

寄付を呼びかけるが…… 拡大する財政赤字

教会離れやコロナ禍のミサ減少によって、財政難に。過去の放漫財政も一因とされ、財政建て直しを急いでいる。現状、慈善活動を目的にした「ペテロのペンス」などの寄付も、その多くが赤字補填に使われているという報道も。

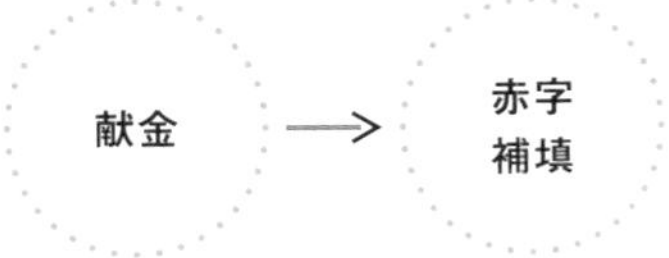

2019年には38年ぶりに来日。信者拡大のポテンシャルがあるアジアと、出身地域の南米の布教に注力しているように見受けられます。

また、教会離れの一因になった性的虐待については、虐待に関する守秘義務を撤廃する方針を発表。実現すれば、**告解で児童虐待を告白された聖職者は、それを司祭に報告、あるいは捜査に協力**できます。

さらに財政難という問題もあります。教会離れに、コロナ禍も重なり、ミサに集まる人が減少。慈善活動を目的とした寄付金も、その多くが赤字補填に使われている状況です。

社会

ユダヤ人から天才&大富豪が続々と生まれる理由

映画界の巨匠からIT界の大物まで

学問

精神分析学を創始したフロイトや、相対性理論を発表したアインシュタイン、『資本論』で知られるマルクスもユダヤ人。

金融・経済

金融業界のみならず、現代ではIT業界にも著名なユダヤ人が多数。Google創業者のラリー・ペイジや、Facebookのザッカバーグが有名。

ユダヤ教は知の独占がなかった!?

金融や経済、学問などの成功者にはユダヤ人が多くいます。

一般に、**ユダヤ教を信仰している人、あるいはユダヤ人の母から生まれた人がユダヤ人です。**こうしたユダヤ人から天才が多く生まれる理由については、2つ挙げられるでしょう。

1つ目が、中世、キリスト教徒が利子をとることが禁じられた一方、**ユダヤ教では異教徒の**

理由①

一神教で唯一利子をとってOK →早い段階から金融業に進出

早い段階から金融業界に進出できたことが、現代の資本主義体制下における大きな影響力に。また、迫害されていたことで、かつてメインストリームとはいえなかった金融や芸能系に進出。現代のビジネス、ハリウッドをけん引する実業家、芸能人を多く輩出している。

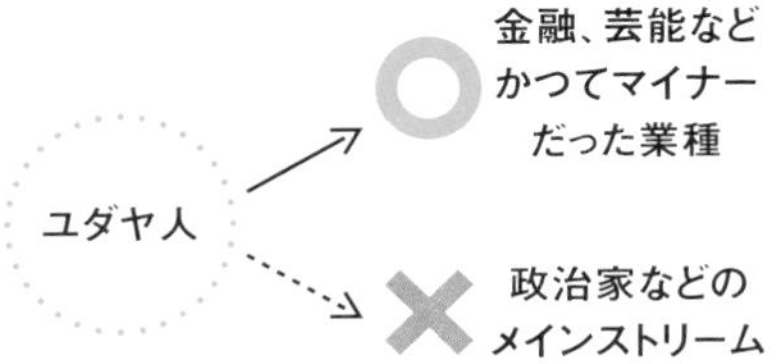

理由②

聖俗一致→知の独占NG 学問が開かれていた

聖俗一致のシステムゆえ、早い段階から学問が開かれていたことも大きい。たとえば中世キリスト教では、主に神父が学問を担当していたが、ユダヤ教では老若男女問わず、学問に邁進できた。知の独占がなかった環境が、名だたる学者を生むことにつながった。

映画・音楽

映画監督スティーブン・スピルバーグや、ミュージシャンのボブ・ディランなど多岐にわたる。

キリスト教徒から利子をとることは許されていた点です。それゆえ、早い段階から、金融業に進出できました。さらに欧米において少数派で、迫害された歴史をもつことも、かつてメインストリームではなかった金融や芸能などの業種に進出した理由と考えられます。

2つ目が、2章で説明した通り、ユダヤ教は聖俗一致である点です。聖俗が分離した国では、宗教を含む学問はもっぱら聖職者がやるものという傾向がありました。しかし、**ユダヤ教では、ラビらによって子どものうちから学問に接することができたこ**とも理由に挙げられます。

社会

なぜ、BLM運動でイエス像が取り壊された？

黒人以外も多く参加
デモ参加者には白人も多くいた。活動家とともに膝をつき、BLM運動との連帯を示す警察官も見られた。

SNSで拡散→運動拡大
黒人死亡の動画がSNS上で拡散され、瞬時に世界に知れわたった。「Black Lives Matter」という言葉もハッシュタグ投稿によって広がった。

人種差別問題の背景に宗教の問題も

　2020年、黒人男性が警察官に首を圧迫され、殺害された動画がSNSで拡散。それにより、2013年に17歳の黒人女性が殺害されたことからはじまったBlack Lives Matter（BLM）運動が、再び活発化しました。

　BLM運動は、SNSで拡散する形で運動が拡大したこと、さまざまな人種が参加したことで

イエス像の取り壊しも

なかにはイエス像の取り壊しを呼びかける活動家も。略奪や店舗の破壊行為も見られ、一部が暴徒化した。

宗教と人種差別を結びつける理由

白人至上主義者は概してカトリックや黒人、ユダヤ人に反感をもち、聖書に描かれた“約束された民族”をアーリア人と考える傾向にある。

知られますが、**活動家たちが各地のイエス像を破壊したこともニュース**になりました。

　実は、アメリカに奴隷制があった時代、プロテスタント教団のなかには、公然と「黒人奴隷は神から与えられた制度」と宣言するところもありました。さらに、イエスの彫像や絵画が白人で描かれることが多いことも相まって、イエス像（キリスト教）を黒人差別の根源と考える人も少なくありません。

　一方、**イエス像を取り壊す行為については、疑問を呈する黒人牧師や黒人の公民権運動家も**。なかには、「悪魔の行い」と厳しい批判の声も挙がりました。

コロナ禍が〝宗教消滅〟を加速させる!?

儀式の実施不可、収入減少…

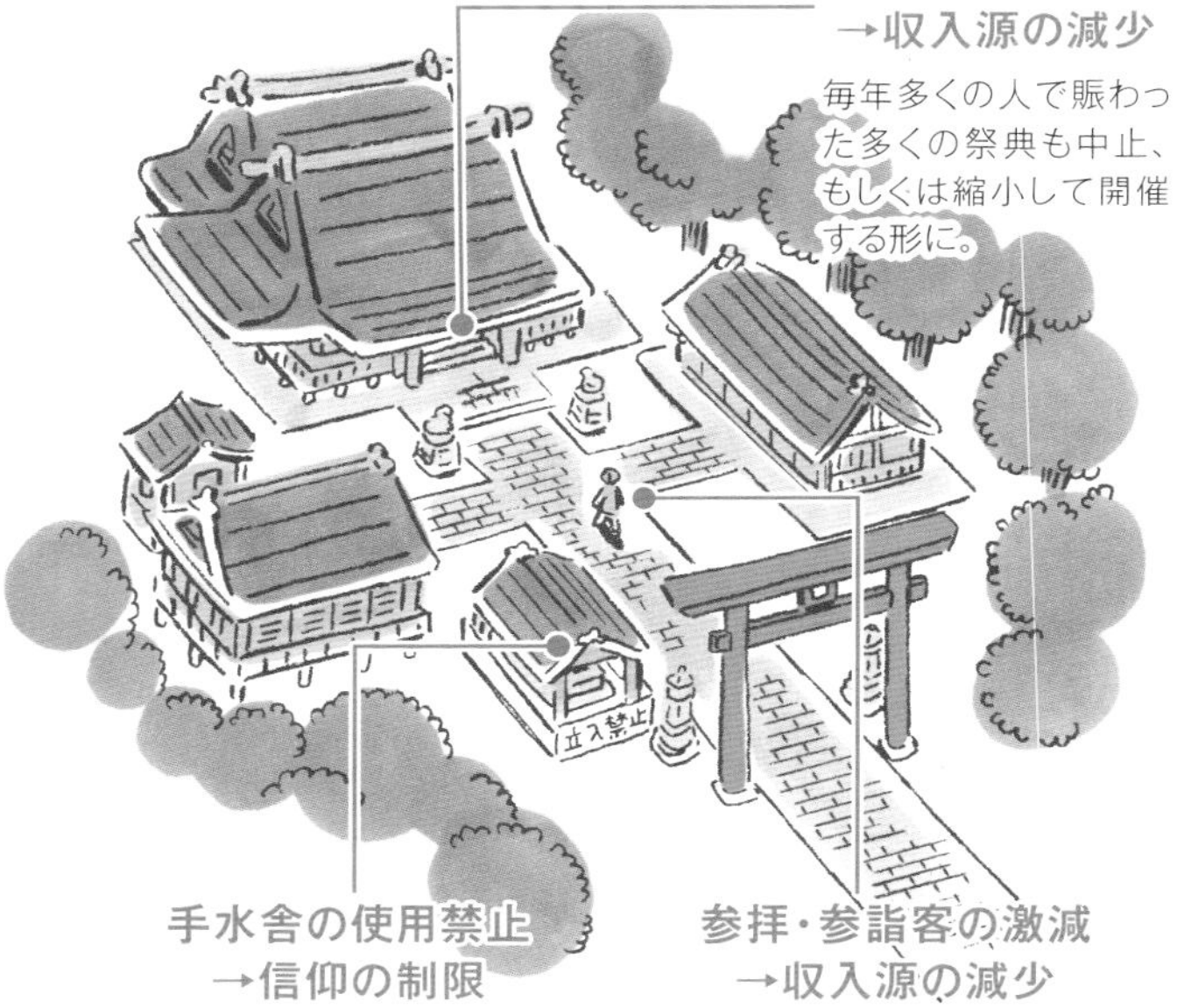

祭典の中止、縮小
→収入源の減少

毎年多くの人で賑わった多くの祭典も中止、もしくは縮小して開催する形に。

手水舎の使用禁止
→信仰の制限

コロナの感染防止のため、手水舎や鈴を鳴らす鈴緒が使用禁止されるケースも。

参拝・参詣客の激減
→収入源の減少

初詣などに訪れる、参詣客が激減。必然的に、お守りやおみくじなどの売上も減少した。

宗教行事から、礼拝・参拝といった日々の信仰まで、**集団が〝密な〟状況で祈りを捧げることは宗教の一大要素**。その点、コロナ禍で集会が禁じられ、多くの儀式が中止されたことは、信仰実践の機会の喪失、収入の激減につながります。

たとえば日本でも、手水舎の使用が禁止されたり、祭礼を中止したりする神社が少なくありません。こうした現象は、**現代の傾向である〝宗教消滅〟をさらに加速**させることが推測されます。

Chapter 4

キーワードでひもとく

宗教と東アジア

日本、韓国、中国は同じ東アジアに位置しますが、
各国における宗教の実態は異なります。日本人の
宗教観や戦後の新宗教の発展をはじめ、
東アジアと宗教の関わりについて紹介します。

Religion in Japan

実はかなり“宗教的”な国!?
日本と宗教

三大キーワード

1. アニミズム　**2.** 神仏習合　**3.** 政教分離

日本は“無宗教の国”といわれることがありますが、私たちは初詣や葬儀など、さまざまな宗教的行為を実践しています。日本と宗教の関わりを見てみましょう。

日本に根づく自然崇拝

アニミズム

P147へ

P148へ

神と仏の融合＝日本独自の

神仏習合

戦後の日本は

政教分離

P158へ

マッカーサー

昭和天皇

Keyword

1 アニミズム

山

「神体山」と呼ばれ、
古代より信仰対象に。
富士山がその代表。

滝

山深い場所にある滝も
神体とされることが多い。
「那智の滝」（和歌山）
が有名。

森

神社を囲むように
広がる森林も
「鎮守の森」と呼ばれ、
信仰対象に。

木

「神木」と呼ばれる。
高い樹木に多く、
神社の境内に
あることも。

岩

岩石崇拝は
「磐座」といわれ、
「ゴトビキ岩」（和歌山）
が有名。

「八百万の神」といわれるように、日本（神道）では無数の神々が信仰対象になっています。その発祥は、自然界や、目に見えないものへの敬畏から生まれたアニミズムにさかのぼります。

古代の日本では、生物、無生物問わず**森羅万象に精霊が宿ると考えられ、それらが崇拝対象**とされてきました。さらに、神々は遠く離れた場所に住み、時折人間界に降臨。山の頂上や森林、岩など、神々が降臨したとされる場所が、神の霊魂が宿る神体（依代）として信仰されるようになりました。

自然物を崇拝する信仰形態は現代の日本でも残されています。

富士講とは…
江戸時代に誕生した、富士山を神体として崇める民間信仰。これにより、関東を中心に多くの富士塚（富士山を模した山や塚）がつくられた。

Keyword

2

神仏習合

神道×仏教の歴代トピック

仏教伝来!

崇仏派の蘇我氏が勝利。聖徳太子による仏教興隆につながった。

6世紀

『古事記』『日本書紀』成立

聖武天皇が全国に国分寺を建立。一方、日本独自の神話が創作される。

8世紀

本地垂迹説の発展&密教伝来

本地垂迹説が浸透。神道で神聖な空間とされる山で修行を行う密教（大乗仏教）の流れをくむ「修験道」が盛んに。

10世紀

日本で一神教が浸透しなかった理由

日本で一神教が浸透しなかった理由に、**神道と仏教が融合した「神仏習合」が社会に根づいた**ことが挙げられます。

6世紀前半、中国を経て、朝鮮から仏教が伝来します。仏教の受容をめぐって、崇仏派の蘇我氏と排仏派の物部氏が対立し、蘇我氏が勝利。のちに聖武天皇は仏教に帰依し、全国に国分寺、その本山として東大寺を建立。

一方、神道は日本土着の宗教で、8世紀前半には、『古事記』『日本書紀』が成立します。その後、両者は対立よりも、融合

比叡山とは… 最澄が開いた天台宗の総本山。信長に攻撃された当時、絶大な経済力、軍事力をもっていたとされる。

織田信長の比叡山焼き討ち

鎌倉時代の法然や親鸞らによる新宗派勃興を経て、織田信長が比叡山を焼き討ちに。

復古神道が活発化

江戸時代から、寺社が幕府の管理下に置かれるように。復古神道の動きも活発化。

神仏分離&国家神道

全国の多くの寺院が破却(廃仏毀釈)され、国家神道の体制が形成される。

敗戦、そして現代へ

GHQにより国家神道が解体。日本国憲法で信教の自由が保障された。

16世紀　18世紀　19世紀　20世紀　現代

を目指すように。8世紀から、神社境内に寺院を建立した「神宮寺」が広がりました。

　こうした動きが発展して、平安時代に生まれたのが「本地垂迹説」です。**仏や菩薩（本地）が、神という仮の姿（垂迹）で日本に現れて民衆を救う**という考え方が広がり、近世まで受け継がれました。

　しかし、開国後、明治政府の神仏分離政策で多くの寺院が破却されました。国家神道と呼ばれる体制が確立され、国家と神道が強く結びつきますが、戦後GHQにより解体。現在に続く信教の自由が日本国憲法に明記されました。

復古神道とは…　本居宣長、賀茂真淵ら国学者によって提唱された説。仏教など外来宗教の影響を受けていなかった時代の神道を理想とした。

神道のポイント

古代

アニミズム信仰

→

8世紀

『古事記』『日本書紀』の成立

古事記

- 712年成立
- 国内の朝廷向け
- 神話時代の物語中心

日本書紀

- 720年成立
- 中国など国外向け
- 編年体（年代順）で書かれた歴史書

①日本をつくったイザナミとイザナギ

世界が存在しなかった頃、イザナギ、イザナミが出現。二神が矛で海をかき回すと、島（日本列島）ができあがった。「国生み」神話といわれる。

②日本神話の最高神アマテラス

乱暴な弟・スサノオに怒ったアマテラスが天の岩戸に引きこもると、太陽が消え、世界は闇に包まれた。太陽を司る神で、天皇の祖神とされる。

③戦いに明け暮れたヤマトタケル

ヤマトタケルは、父（景行天皇）に命じられ、西方・東方征伐に向かう。戦いに明け暮れたタケルは、力尽き、白鳥になって飛んでいったとされる。

古事記、日本書紀には何が書かれている？

古代日本では八百万の神々が崇拝され、さまざまな神話が伝承されてきました。そうした神話や日本の誕生にかかわる物語が編纂され、8世紀前半に成立したのが、『古事記』と『日本書紀』です。

ほぼ同時期に生まれたとされる両者ですが、構成などにいくつかの違いがあります。まず和風の変体漢文で書かれた古事記は、神代（初代天皇・神武天皇以前）から推古天皇（在位592～628年）までを扱っています。一方、純粋な漢文で書か

神社の種類と役割

神宮

天皇の祖先や天皇が祀られる神社。伊勢神宮、明治神宮、平安神宮など。

一宮

平安時代から中世にかけて成立。各地域で最も格式が高いとされた神社。

大社

神社の総本社や、戦前にあった神社の格付け（社格）が高かった神社。出雲大社など。

神社・社

最も一般的な名称。地域の神などを祀る。大宮氷川神社など。

日本に残る“人神信仰”

キリスト教の聖人信仰のように、日本にも歴史上の偉人を神として祀る習慣がある。天満宮の菅原道真や東照宮の徳川家康がそれにあたる。

約80年前は日本の事実上の国教だった神道

明治政府の理念に復古神道があった。そのため、廃仏毀釈につながり、多くが廃寺となった。信教の自由は大日本帝国憲法でも保障されていたものの、「信教の自由に抵触しない」という解釈のもと、天皇崇拝と神社信仰が強制された。

れた日本書紀は、神代から持統天皇（690～697年）までをカバー。このような**文体の違いは、前者が朝廷内の豪族向けに、後者が中国など海外向けに書かれたことに起因すると**考えられています。

また、古事記と日本書紀には、日本列島を誕生させたイザナミとイザナギや、天皇の祖神とされるアマテラス、八岐大蛇を退治したとされるスサノオなど、さまざまな神々による物語が書かれています。

ちなみに、日本神話で登場した神々や天皇は、神社のなかでも「神宮」に祀られるケースが多いことが特徴です。

日本仏教の発展ステップ

黎明期

行基

伝来→求道者の活躍

・**行基が民間へ布教**
・**鑑真が「戒壇」を整備**

行基は東大寺の大仏建立に貢献。唐から来日した鑑真は、東大寺に授戒（出家者が正式に僧になること）する場所「戒壇」を設立。

平安時代

最澄

密教の伝来→影響

・**最澄が天台宗を創始**
・**空海が真言宗を創始**

現世利益を実現する密教（大乗仏教）を、最澄、空海が日本に伝えた。それぞれ、天台宗、真言宗を開き、その後の仏教界の主流に。

鎌倉時代

親鸞

新仏教の誕生

・**鎌倉新仏教が登場**
・**浄土信仰が民衆に広がる**

民衆の救済を説いた浄土信仰が盛んに。浄土宗（法然）や浄土真宗（親鸞）、日蓮宗（日蓮）など鎌倉新仏教が誕生した。

檀家制度&葬式仏教化

・**江戸時代に檀家制度成立**
・**“葬式仏教”化が進む**

寺社は幕府の管理化に。各宗派で「本山」と「末寺」の関係が築かれ、葬儀や法事のみを執り行う“葬式仏教”といわれるように。

江戸時代以降

偉人たちが切り開いた仏教の歴史

6世紀に伝来した仏教は、日本で次のようなステップで浸透していきました。

伝来後、聖徳太子が仏教を治世に活用。法隆寺を建立したり、豪族たちに仏教の教えを説いたりして、振興を図りました。その後、**奈良時代に聖武天皇の保護や、法相宗ら南都六宗の中国からの伝来、鑑真による「戒壇」など僧侶認定システムの整備によって普及**が進みます。

平安時代、中国にわたった最澄、空海が密教を日本に伝え、それぞれ天台宗、真言宗を創始。

南都六宗とは…　奈良時代に公認された仏教の六派。具体的には、法相宗、三論宗、倶舎宗、成実宗、華厳宗、律宗を指す。

日本の代表的な13宗派一覧表

宗派	宗祖	成立年	主な本山
法相宗	道昭	7世紀中	興福寺Ⓐ 他
華厳宗	審祥・良弁	8世紀中	東大寺Ⓐ
律宗	鑑真	8世紀中	唐招提寺Ⓐ
天台宗	最澄	9世紀前	比叡山延暦寺Ⓑ
真言宗	空海	9世紀前	金剛峯寺Ⓒ
融通念仏宗	良忍	12世紀前	大念仏寺Ⓓ

宗派	宗祖	成立年	主な本山
浄土宗	法然	12世紀中	知恩院Ⓔ
臨済宗	栄西	12世紀後	妙心寺Ⓔ 他
曹洞宗	道元	13世紀前	永平寺 他Ⓕ
浄土真宗	親鸞	13世紀前	本願寺Ⓔ 他
日蓮宗	日蓮	13世紀中	久遠寺Ⓖ
時宗	一遍	13世紀後	清浄光寺Ⓗ
黄檗宗	隠元	17世紀中	萬福寺Ⓘ

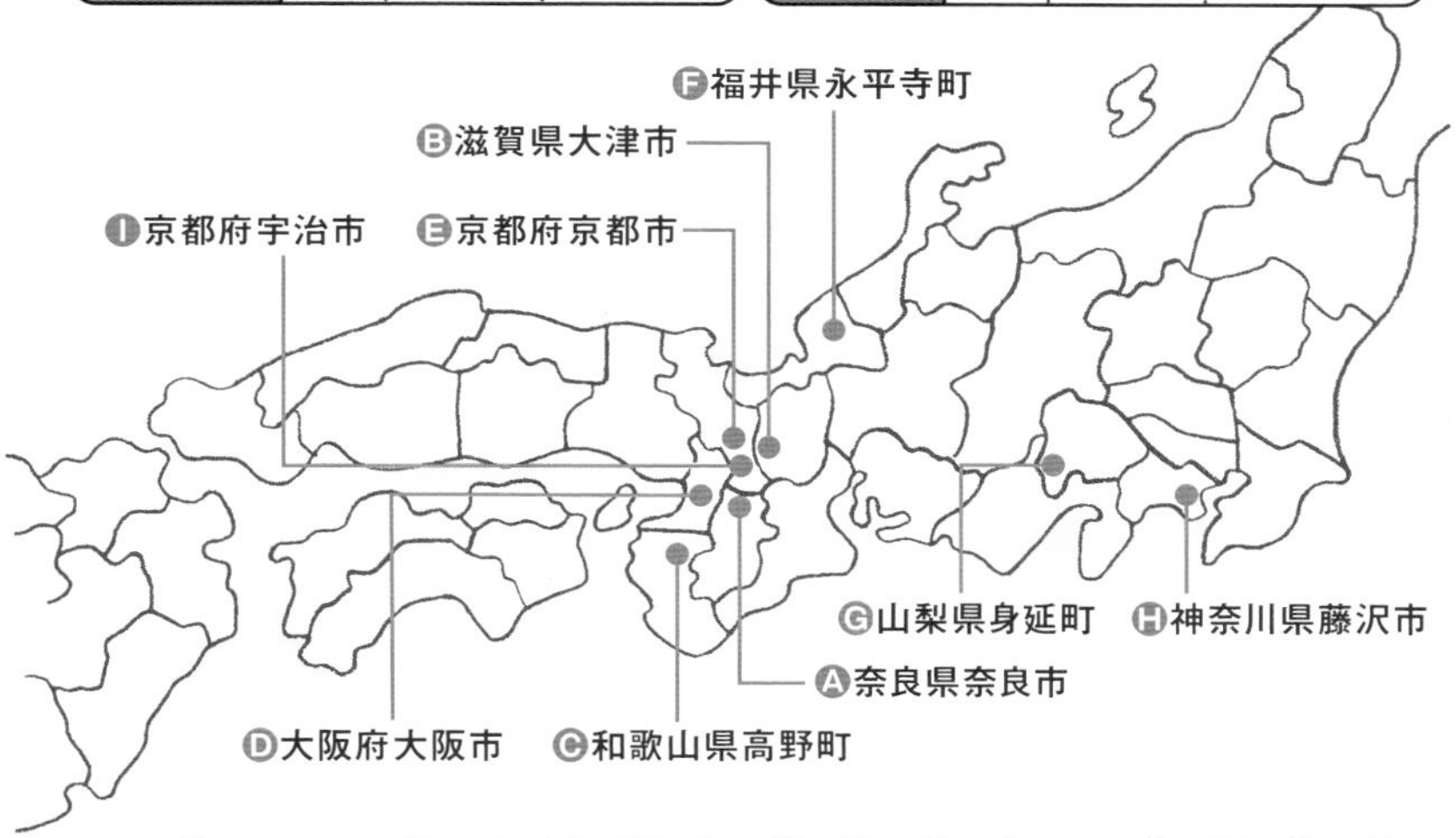

神道と融合した修験道の信仰が生まれるなど、密教が仏教界を席巻。ただし、この段階では貴族間の流行が中心でした。

11世紀頃から、徐々に極楽浄土へ往生することを目指す浄土信仰が盛んに。この信仰は民衆救済として発展していき、鎌倉新仏教で説かれるようになりました。**「南無阿弥陀仏」を唱えれば、誰でも極楽浄土に往生できると教えた浄土宗（法然）、その教えを継いだ浄土真宗（親鸞）**が、浄土信仰の代表例です。

その後、江戸時代に檀家制度（P154）が敷かれることに。現代の「葬式仏教」化につながっていきます。

現代の仏教が“葬式仏教”といわれる理由

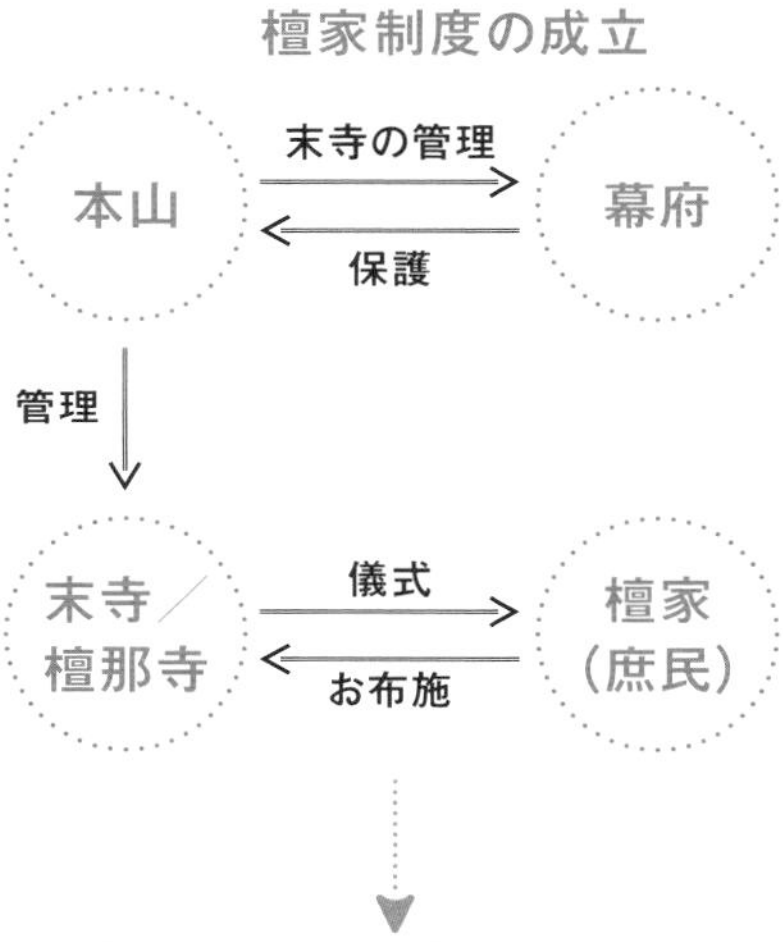

江戸幕府における一種の宗教統制といえる檀家制度(寺請制)。末寺が檀家に寺請証明(身分証明書)を発給するなど、当時禁教とされていたキリシタン(キリスト教)や、日蓮宗の不受不施派を取り締まりたい幕府の思惑があった。

- 寺院の権力拡大&経済的安定
- 葬儀や法事に特化
  →“葬式仏教”化

江戸時代から続く“葬式仏教”の実態

江戸時代に入ると、キリシタンなどの取り締まりのために、檀家制度が敷かれました。

この制度は、**寺院と檀家(庶民)が結びつき、寺院が葬祭を執り行う一方、檀家はお布施を通してその寺院を護持するもの。**

さらに寺院は、各宗派の本山と末寺に区別され、本山が、葬祭を執り行う寺院(末寺)を管理。そして、各本山が末寺のリスト(末寺帳)を提出することで、幕府は全国の寺院の実態を把握できるというわけです。これにより、**檀家の葬儀は末寺に依頼す**

不受不施派とは… 日蓮宗の一派。『法華経』信者以外からのお布施の受け取りや、施しをしないとする教義をもつ。

過疎化&都市化で檀家制度も衰退へ!?

現代

変化①
進む過疎化&都市への人口移動

高度経済成長以降、都市への人口流入と地方の過疎化が進行。「家」を基盤とした社会生活が変容し、祖先崇拝が薄れつつある。

変化②
戦後の農地改革で土地を失う

戦後の農地改革によって、地方寺院は収入源である土地を失い、葬祭の収入だけに頼らざるを得なくなった。

変化③
葬儀&法事の簡素化

葬祭にはお金がかかる。それゆえ都会を中心に、規模を縮小した家族葬や、年忌法要の簡素化などが流行に。

いずれは檀家消滅!?

るという慣習が浸透。その結果、**“葬式仏教”という形態が確立**され、仏教の信仰は庶民層にまで広がりました。

　葬式仏教の形態は現代まで続いていますが、戦後以降、状況が変化。地方の寺院の場合、戦後の農地改革で土地を奪われて、経済的な安定を失いました。また、経済成長とともに、都市への人口移動が進み、かつて日本社会の核となっていた「家」の価値が徐々に低下。**それゆえ、祖先崇拝が薄れ、葬儀の簡素化**が進んでいます。

　こうした背景から、現在多くの寺院が経営難に陥っているといわれています。

永代供養墓とは…　現代日本で最も一般的な墓の形態。墓を継承する人(墓守)がいなくても、比較的安価な費用で、寺院や霊園が遺骨を預かり、管理してくれる。

新宗教誕生の三大ブーム

明治時代　廃仏毀釈→神道系の「教派神道」誕生

・黒住教
・天理教

・実行教
・御嶽教

・出雲大社教
・神道大教

大正〜昭和時代　昭和恐慌&皇国主義化

・大本

・国柱会

戦後　高度経済成長&バブル

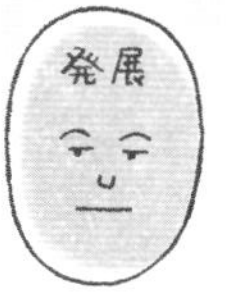

・創価学会
・立正佼成会

・オウム真理教
・幸福の科学

新宗教のみならず「新新宗教」も登場！

神道や仏教といった既成宗教に対して、比較的歴史が浅い宗教は「新宗教」と総称されます。

新宗教誕生を促したものとして、まず明治政府の廃仏毀釈が挙げられます。これにより、**明治政府から公認された教団「教派神道」が誕生**。教祖の宗教体験などを基に結成された黒住教や天理教、山岳信仰を基盤にした実行教や御嶽教、復古神道系の出雲大社教や神道大教などが含まれます。

その後、**皇国史観が広まっていくなかで、ナショナリズムを**

主な新宗教&新新宗教

	宗教名	成立年	教祖	概要
神道系	黒住教	1814年	黒住宗忠	天照大御神を祭神とする教団。毎朝、日の出を拝む「日拝」を重視する。
	天理教	1838年	中山みき	本部を置く奈良県天理市は、宗教施設が集中した日本随一の宗教都市として有名。
	金光教	1859年	金光大神	岡山県に本部を置く。「天地金乃神」と、教祖の「生神金光大神」(金光大神)を信奉。
仏教系	国柱会	1884年	田中智学	「純正日蓮主義」を掲げる。創始当初は「立正安国会」と称し、1914年に改称。
	霊友会	1920年	久保角太郎	法華経と先祖供養を重視する。立正佼成会は霊友会の元信者が開いた。
	創価学会	1930年	牧口常三郎	法華経系の新宗教で、世界中に信者をもつ。公明党の母体で3代会長は池田大作。
	オウム真理教	1984年	麻原彰晃	麻原彰晃ら教団幹部の暴走により、テロ行為を起こした。2000年、アレフに改称。
	幸福の科学	1986年	大川隆法	総裁・大川隆法の著書を聖典とする。海外では「Happy Science」と称する。
その他	PL教団	1924年	御木徳一	正式名称は「パーフェクト・リバティー」。関西中心で、芸術活動にも積極的。
	サイエントロジー	1954年	L・ロン・ハバード	自己啓発的、実践的な教義が特徴。信者に著名ハリウッド俳優など。
	統一教会	1954年	文鮮明	韓国で創設されたキリスト教の一派。現在の名称は「世界平和統一家庭連合」。

打ち出す新宗教が登場。皇国史観と日蓮信仰を結びつけた国柱会、昭和維新をスローガンに掲げた大本が該当します。

国家神道体制が崩れた戦後は、**経済成長と並行して、「貧・病・争からの解放」をスローガンに掲げた創価学会などが拡大**。政治の世界に進出します。また、同じ日蓮系の立正佼成会なども発展しました。

1970年代以降、新宗教は概して衰退傾向にありますが、オウム真理教などの「新新宗教」と呼ばれる教団が誕生。オウム真理教が起こした「地下鉄サリン事件」は日本中を震撼させました。

Keyword 3 政教分離

日本の政教分離とは？

戦後

GHQの「神道指令」

日本国憲法第20条
（一部抜粋）

いかなる宗教団体も、国から特権を受け、又は政治上の権力を行使してはならない。

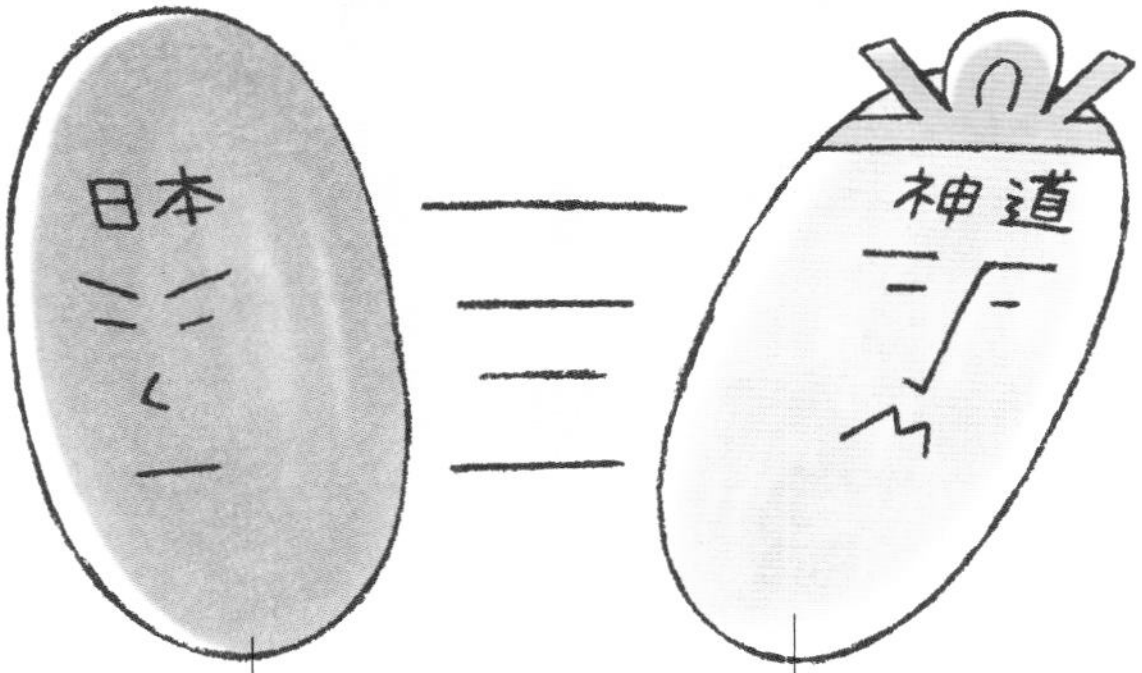

宗教的中立性
＝神道をはじめ、一部の宗教を優遇しない

国家神道の解体
＝神道と国家を分離

「靖国神社参拝」がニュースになる理由

第二次世界大戦における敗北は、日本にとって、神道を事実上の国教とした国家システムの解体を意味しました。

ＧＨＱは、日本が軍国化の道を歩んだ原因を国家神道（ＧＨＱがはじめて使用した言葉）に求め、国家神道の廃止や、徹底した政教分離、国民の信教の自由などを要求する「神道指令」を日本政府に発令。

これを受けて、**１９４７年に施行された日本国憲法で、「信教の自由」「政教分離」が明記。**国家の管理下にあった神社神道

政教分離で議題に上がる問題

議題①

首相の靖国神社参拝

戦争で亡くなった軍人を祀る靖国神社への首相の参拝をめぐる論争。その参拝が私人、もしくは公人として行われたものかという点がフォーカスされてきた。

議題②

公明党をはじめ、宗教政党の存在

公明党（創価学会が母体）の政権参加に対する指摘。公明党は、戦前の政府と国家神道の関係とは大きく異なるとして、政教分離に違反しないと主張している。

議題③

天皇の国事行為

平成から令和に移行した際に行われた「剣璽等承継の儀」など、日本神話に起源をもつ儀式を「国事行為」として国費が支出されることに、一部から疑問の声が挙がった。

は、新たな宗教法人法のもと、民間の宗教法人に移行しました。明治以降、**伊勢神宮を頂点に、官社（出雲大社など）、諸社（地方の神社など）に区別した社格制度も撤廃**されました。

憲法によって政教分離の原則が確立されたものの、**政教分離をめぐる議論**がさまざまな形で行われてきました。その代表が、戦没者を祀る靖国神社の国家護持を実現することの是非や、首相をはじめとした政治家による参拝です。

ほかに、公明党などの宗教政党の存在についても政教分離の原則にかなっているかどうかで議論が生まれました。

Religion in China

共産主義と宗教は水と油!?

中国と宗教

三大キーワード

1. 三教合一　**2. マルクス主義**　**3. 宗教・民族弾圧**

紀元前、中国で儒教と道教が誕生。これらに仏教を加えた三宗教は、東アジアの国々に多大な影響を及ぼしました。中国と宗教の関係を見てみましょう。

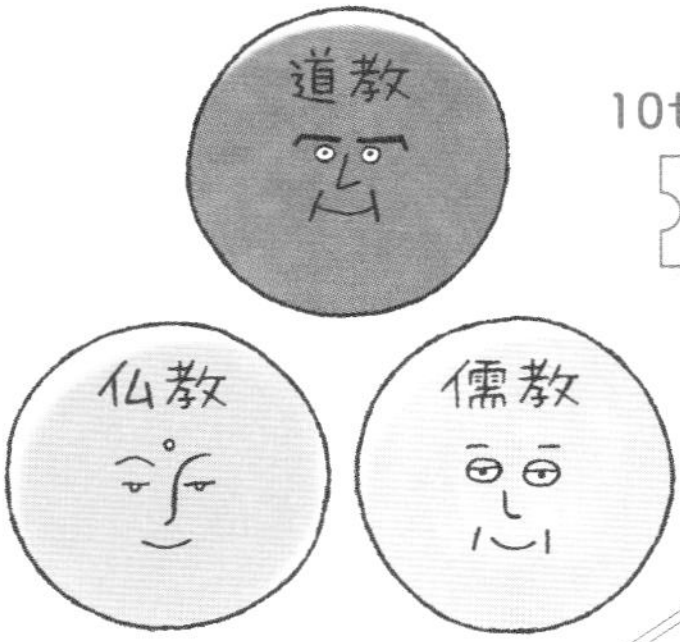

10世紀頃から浸透した

三教合一

P161へ

P164へ

マルクス主義の影響で

宗教統制がはじまる

ウイグル、チベットをはじめとする

宗教・民族弾圧

P165へ

Keyword 1 **三教合一**

中国人の思考を形成する三宗教

BC6世紀頃 誕生

- 中国文明の思想を孔子が体系化
- 徹底した現世中心主義

- 民間信仰として拡大
- 仏教を参考にしながら教義などが体系化

1世紀頃 伝来

- 7世紀頃、玄奘などによって中国仏教が完成
- 14世紀頃から衰退傾向

宋代（10世紀）以降

中国人の
思想的バックグラウンド

戦後 共産党政権誕生＝宗教統制のはじまり

「枢軸時代」といわれるBC6世紀、**孔子によって儒教が、老子によって道教が誕生**。さらに、1世紀頃に中央アジアから仏教が伝来。拡大する仏教に対抗するため、儒教から朱子学（↓P169）が生まれたり、仏教が道教・儒教のように現世価値を肯定する形に変容したりと、三宗教は影響し合いながら、中国社会に浸透していきます。

　その後、徐々に儒学者が禅を取り入れるなど、**三教の融和を目指す思想「三教合一」が発展**。これら三教と、古代から伝わる独自の中華思想が、現代まで続く中国人の思想的バックグラウンドといえるでしょう。

中華思想とは… 漢民族が世界の中心で、異民族は野蛮とみなす思想。歴代王朝では、この思想の中心に宇宙を治める天帝（＝皇帝）が君臨すると考えられた。

儒教のポイント

孔子の教え

- **仁…相手を慈しむ心**
- **礼…社会的規範**
- **孝…親を敬うこと**

↓

中国の社会秩序を下支えする「五倫五常」に発展

五倫

- 親…親子関係
- 義…君臣関係
- 別…夫婦関係
- 序…老幼関係
- 信…友人関係

五常

- 仁…相手を慈しみ、思いやる
- 義…人として正しいことを行う
- 礼…正しい作法・礼儀を守る
- 智…善悪を正しく判断する
- 信…常に誠実である

儒教が「宗教じゃない！」といわれる理由

☑ 孔子が宗教的体験を経験していない

ブッダの悟りや神の啓示などの宗教体験を経ていないことから、孔子は宗教家よりも、道徳家としての性格が強い!?

☑ 徹底した現世主義

来世など、現実を超越した世界に対する関心が薄く、あくまで現世利益の実現を説いている。

よく聞く「仁と義」、「無為自然」とは？

BC8～3世紀、中国は群雄が覇権を争う春秋戦国時代。彼らは新しい思想、国家理念を求め、孔子や老子など、諸子百家と呼ばれる思想家たちを積極的に登用しました。

孔子は、中国文明から続く土着の信仰（祖先崇拝など）を思想として体系化。**子の親に対する愛「孝」、それを人類愛に拡大した「仁」、社会規範の「礼」を重んじ、治世者の徳に基づいた政治を理想とします。**

孔子の教えは弟子によってまとめられ、『論語』や『大学』

四書五経とは… 『論語』『大学』『孟子』『中庸』の四書と、『易経』『書経』『詩経』『礼記』『春秋』の五経からなる。

道教のポイント

道　教

老子・荘子の教え

無為自然

社会秩序を説いた孔子と対照的な思想で、人為を廃してあるがままに生きる「無為自然」を説いた。

教団誕生&神仙思想などと合体→道教へ

太平道　後漢末期に誕生。道教の源流といわれ、張角によって組織された。184年、生活に苦しむ農民を従えて、「黄巾の乱」を起こした。

天師道　後漢末期に誕生。五斗米道とも呼ばれる。張陵によって組織され、子の張衡、孫の張魯の三代にわたって受け継がれた。

全真教　12世紀頃、王重陽が創始した。王朝の保護のもと堕落傾向にあった道教への改革を唱えて登場した新道教の一派。

道教の神と信仰

☑ 三種の神々

道教の神々は大きく、最高神・三清など天の神々（尊神）、関羽が崇めた関帝など民間信仰の神々（俗神）、道を経て長生不死となった神仙に分けられる。

☑ 道士と道観

道教では、祭司を行う人・修行者を道士、道教寺院を道観と呼ぶ。全真教の道観・白雲観（北京）などが有名。

などの四書と、『易経』や『春秋』などの五経からなる経典「四書五経」が成立。さらに、儒教の徳目として、孟子が五倫、董仲舒が五常をまとめ、これら「五倫五常」が中国の社会秩序を下支えする思想として受け継がれていきます。

一方、老子は**宇宙には万物が存在する法則「道」があり、それに沿って「無為自然」に生きる**ことを唱えました。この教えを荘子が受け継ぎ、二人の「老荘思想」は、道教の根幹に。その後、太平道をはじめとする教団が誕生し、神仙思想などと合体しながら、道教として確立されていきました。

神仙思想とは…　古代中国で広がった不老不死の仙人になることを目指す思想で、道教に取り入れられた。秦の始皇帝は不老不死の仙薬を求めたとされる。

Keyword 2

マルクス主義

宗教を「毒」と言い放った毛沢東

マルクス

マルクスは宗教に否定的だった。それゆえ、ソ連やアルバニアなどの共産主義国家で、宗教は弾圧されてきた。

戦後

中国社会の共産主義化

毛沢東

北京を訪問したダライ・ラマに対して毛沢東は、「宗教は毒だ」と言ったとされる。

1973～1976年

批林批孔運動

毛沢東派は、林彪が儒教の価値観に強い影響を受けているとし、孔子とともに批判する政治キャンペーンを展開した。

戦後の共産主義政権誕生は、中国の宗教に大きな影響を与えました。前提として、**共産主義思想を体系化したマルクスは、宗教は「アヘン」であると言っ**たように、宗教に対して否定的。中国共産党の最高指導者だった**毛沢東も、「宗教は毒だ」と言っ**たとされます。それゆえ、戦後、中国では宗教が国家によって統制、管理されてきました。

1970年代には、毛沢東暗殺を企てた林彪とともに、孔子を批判する思想キャンペーン「批林批孔運動」が展開。

しかし、現在は、倫理道徳の拠り所として、儒教復興の動きが広がっているとされます。

無神論とは…　共産主義国家の政策の一つ。1967年、共産主義時代のアルバニアは、世界初の「無神国家」を宣言した。

Keyword

3

宗教・民族弾圧

ウイグル＆チベットに対する弾圧

新疆ウイグル自治区

人口 約830万人

- イスラム教を信仰
- 1949年、中国の支配下に
- 独立を求める

チベット自治区

人口 約240万人

- チベット仏教を信仰
- 1950年、中国が進駐
- 高度な自治を求める

※人口は中国第五次国勢調査（2000年）に基づいたデータ

報道される同化政策の実態

現在、習近平国家主席のもと、少数民族への同化政策が進められている。具体的には、小中学校の教育で中国語の強要、「教育や職業訓練」を名目とした強制収容などが挙げられ、国際社会から批判されている。

イスラム教を信仰するウイグル人が住む新疆ウイグル自治区や、チベット仏教を信仰する民族が住むチベット自治区などに対して、**中国政府による弾圧**がたびたび報道されています。

　かねてより、チベットやウイグルでは、独立あるいは高度な自治を求めた運動が行われてきました。しかし、中国政府はこれらの地域を「革新的利益」として独立阻止に尽力。さらに同地域では、**中国語による授業の強要や、強制収容など、漢民族への〝同化政策〟**が行われていると報道されています。ほかに、内モンゴル自治区に対する弾圧も報告されています。

内モンゴルとは… 中国の東北から西北に広がる、モンゴル族が暮らす自治区。中国政府による同化政策が進められている。

中国政府が公認する5宗教と認めない“邪教”

現代

1999年

法輪功信者たちの抗議活動

法輪功は、1990年代はじめに吉林省出身の李洪志によって創始された新宗教。1999年4月、信者たちが共産党幹部や要人が住む北京中心部の中南海を包囲した。

法輪功を“邪教”に認定＝取り締まり強化

5宗教

- カトリック
- プロテスタント
- イスラム教
- 仏教
- 道教

愛国宗教団体に所属する形で活動。各団体の末端まで政府が管理するねらいがある。

邪教

- 法輪功
- モルモン教
- エホバの証人　など

弾圧の対象。駐日中国大使館は法輪功について「中国の『オウム真理教』」と説明している。

公認される5宗教その実態は……？

1999年、法輪功の信者が中国政府や要人が住む地区を取り囲む事件が発生。政府に近い学者が法輪功を糾弾する論文を発表したことが原因とされます。

中国政府は、法輪功をはじめ、**非合法組織と認定した宗教団体を邪教として弾圧**。一方、カトリックやプロテスタントなど5宗教を公認。しかし、**5宗教も、共産党とつながった「愛国宗教団体」に所属することが前提で、中国政府の規制、監視下での容認**と見ることができます。

こうした背景から、世界宗教

中国政府&カトリックが合意した背景

キリスト教徒への弾圧

カトリック信者のなかには、中国政府の干渉を嫌い、非公認の教会で信仰を続ける人も。こうした教会は「地下教会」と呼ばれ、中国政府の弾圧の対象に。

2018年　両者の暫定合意締結

と中国政府が対立するケースも少なくありません。たとえば、司教の任命権をめぐるカトリックと中国政府の軋轢。**中国政府が独自に選定した7人の司教をローマ法王が破門にして、認めないなど、両者は長く対立して**きました。

ちなみにこの問題は、信者を増やしたいカトリック側と、バチカンと台湾の断交を目指す中国政府側の思惑が一致し、２０１８年、暫定合意に至っています。

中国政府の介入を嫌うカトリック信者は、非公認の「地下教会」に集い、信仰を継続。プロテスタントも非公認の「家庭教会」として活動しています。

Religion in Korea

独自の“キリスト教”が拡大！
韓国と宗教

二大キーワード

1. シャーマニズム　2. キリスト教

戦後、日本で創価学会など新宗教が広がった一方、お隣韓国ではキリスト教が拡大。その背景には、土着信仰のシャーマニズムとの融合がありました。

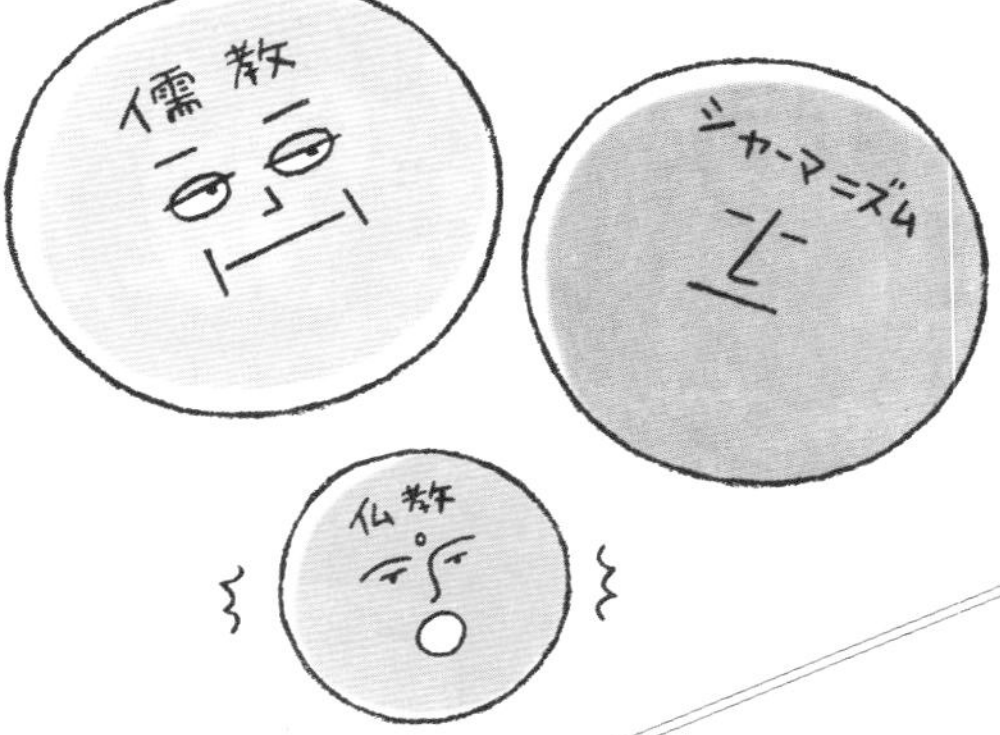

土着信仰として浸透した

シャーマニズム

P169へ

経済発展とともに韓国独自の

キリスト教 が拡大

P170へ

韓国の宗教割合

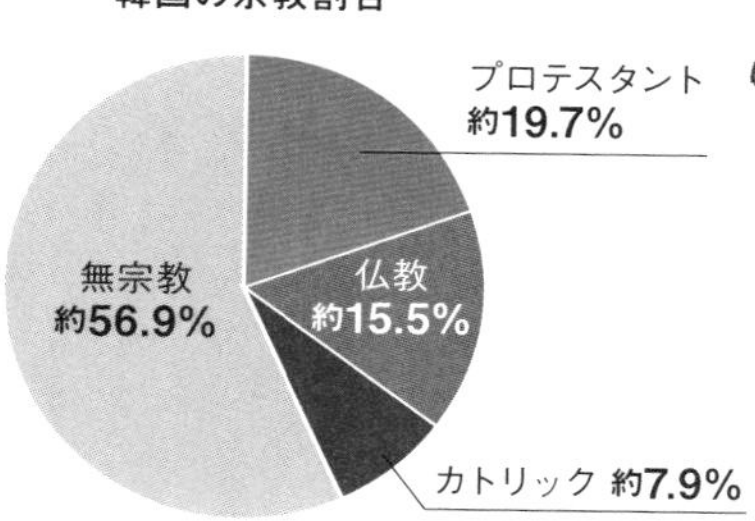

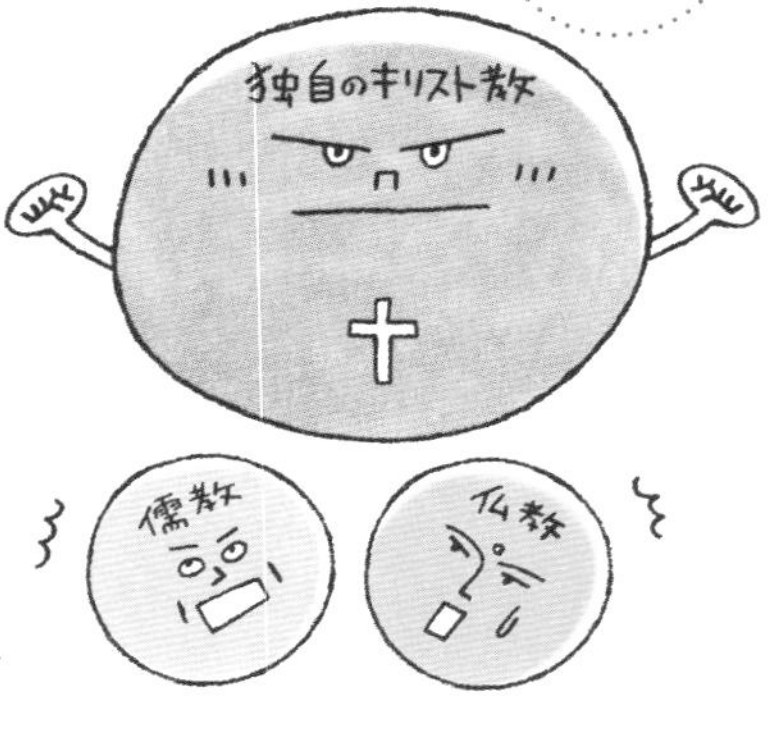

韓国における宗教発展とシャーマニズム

古代　中国から伝来した二宗教が中心

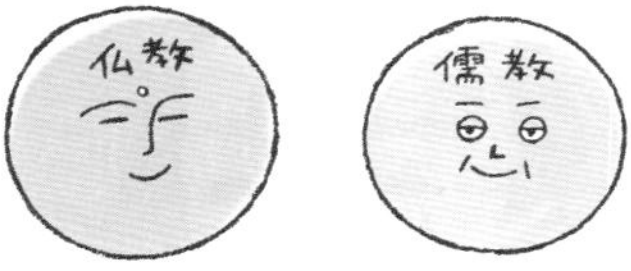

仏教と儒教が信仰の中心だったが、李氏朝鮮時代は朱子学（儒教の一つ）を尊重。儒教を学んだ支配階級「両班」が王朝を支えた。

14～20世紀初頭　①儒教優遇の時代へ

「憑依降神」でやること

- ☑ 占い
- ☑ 祭祀
- ☑ 芸能

など

②巫女（シャーマニズム）信仰が浸透

「祈禱」と呼ばれる儀式でムーダンに神（土着の神）が憑依。太鼓を奏でたり、踊ったりする儀式を通して、占いや祭祀を行う。

朝鮮半島は当初、仏教と儒教が信仰の中心でした。しかし、李氏朝鮮（14～20世紀）の時代に、「崇儒廃仏」の政策がとられ、仏教は衰退。

その際、儒教は支配者と男性向けという性格が強かったため、女性を中心に**韓国土着のシャーマニズムに救いを求める**ようになります。

朝鮮半島では古代より、**ムーダンと呼ばれる巫女（シャーマン）が、神を憑依させる呪術的儀式を通して、説教する信仰形態**が受け継がれてきました。19世紀に布教が本格化したキリスト教などと融合しながら、現在に至るまで続いています。

朱子学とは…　儒教の学問体系の一つで、12世紀、中国（南宋）の朱熹によって成立した。万物は「理」と「気」から構成されると説いた。江戸幕府の正学とされた。

キリスト教が広がった理由

Keyword 2 キリスト教

19〜20世紀　キリスト教布教と日本の韓国併合

1910年の日韓併合による国家権力の強い規制で、伝来当初すぐには浸透しなかった。

戦後　経済発展に伴い、「新宗教」としてキリスト教が拡大

- ☑ 神憑りをする宣教師も
- ☑ 現世利益実現や病気治癒を説く
- ☑ 知識層のみならず、庶民にまで拡大

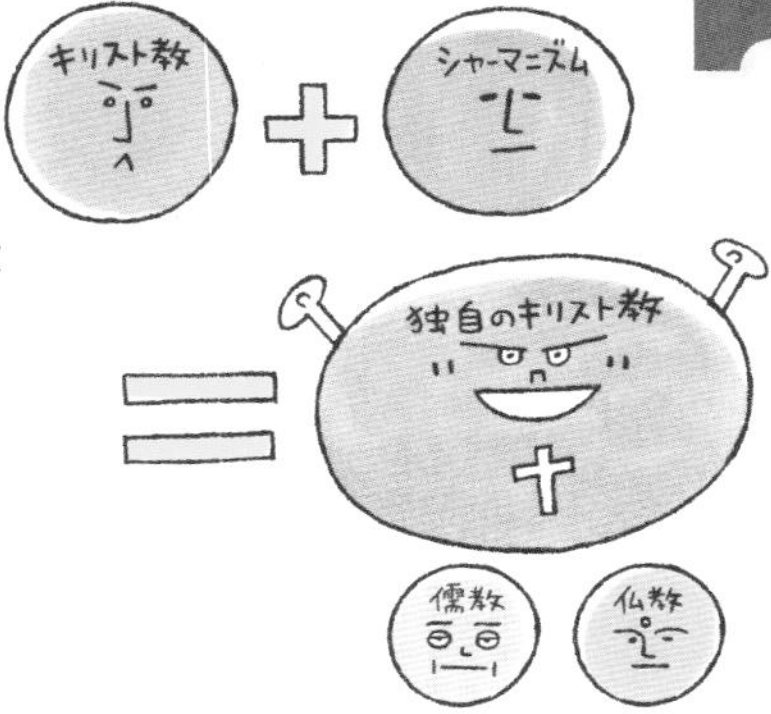

戦後、日本から独立を果たして以降、キリスト教の布教が解禁。1960年代半ばから「漢江の奇跡」といわれる経済成長を遂げ、独自のキリスト教が拡大していった。

19世紀、朝鮮半島でキリスト教の布教が本格化。日本では知識層に広がりましたが、**韓国では、土着のシャーマニズムと融合することで、キリスト教（特にプロテスタント）が庶民層にまで浸透**していきます。

韓国の宣教師のなかには、説教壇で神憑りをして、熱狂的な説教を行う人も。**病気治療など現世利益の実現を説きながら、国民的宗教に成長**していきます。

特に戦後、経済成長とソウルへの人口集中で、信者を拡大。しかし近年は、ソウルへの人口流入が一段落したこともあり、徐々に拡大も止まり、無宗教層が増えているとされています。

索引 INDEX

あ

か

さ

な

は

ま

や

ら

わ

島田裕巳　（しまだ・ひろみ）

1953年東京生まれ。宗教学者、作家。
東京大学文学部宗教学宗教史学専修課程卒業、東京大学大学院人文科学研究課博士課程修了。大学院では、コミューン運動の研究を行い、医療と宗教との関係についても関心をもつ。放送教育開発センター助教授、日本女子大学教授、東京大学先端科学技術研究センター特任研究員を歴任し、現在は東京女子大学、東京通信大学非常勤講師。日本と世界の宗教について幅広い内容の著述活動を行っている。30万部のベストセラー『葬式は、要らない』（幻冬舎）をはじめ、『創価学会』（新潮社）、『教養としての世界宗教史』(宝島社)、『0葬』（集英社）、『日本の10大新宗教』（幻冬舎）、『戦後日本の宗教史』（筑摩書房）など、著書多数。『0葬』は、大きな話題になるとともに、タイトルがそのまま流行語になった。

サクッとわかる ビジネス教養　宗教と世界

2021年7月25日　初版発行
2022年2月5日　第3刷発行

監修者　島田裕巳
発行者　富永靖弘
印刷所　公和印刷株式会社

発行所　東京都台東区台東2丁目24　株式会社 新星出版社
〒110－0016　☎03(3831)0743

ISBN978-4-405-12015-0